色彩荣耀

凉山彝族色彩象征分析

鲍冬丽

——

著

中央民族大学出版社

color glory ……

图书在版编目（CIP）数据

色彩荣耀：凉山彝族色彩象征分析 / 鲍冬丽著. --
北京：中央民族大学出版社，2020.3 重印
ISBN 978-7-5660-1559-4

Ⅰ．①色… Ⅱ．①鲍… Ⅲ．①彝族-色彩学-民族文
化-研究-凉山彝族自治州 Ⅳ．① K281.7

中国版本图书馆 CIP 数据核字（2018）第 231303 号

色彩荣耀：凉山彝族色彩象征分析

著　　者	鲍冬丽
责任编辑	周雅丽
责任校对	胡菁瑶
封面设计	张志伟　韩　璐
出 版 者	中央民族大学出版社

北京市海淀区中关村南大街 27 号　　　邮编：100081
电话：68472815（发行部）　　传真：68932751（发行部）
　　　68932218（总编室）　　　　68932447（办公室）

发 行 者	全国各地新华书店
印 刷 厂	北京建宏印刷有限公司
开　　本	787×1092（毫米）　1/16　印张：10.75
字　　数	190 千字
版　　次	2018 年 10 月第 1 版　2020 年 3 月第 2 次印刷
书　　号	ISBN 978-7-5660-1559-4
定　　价	88.00 元

前言

《色彩荣耀——凉山彝族色彩象征分析》一书以中国传统五色文化为主题，以与中华汉文化既存在深厚渊源又保存鲜明少数民族文化特色的凉山彝族色彩特征作为切入口，重点探寻中国民族色彩地域文化的艺用研究。

———

色彩作为一种纯粹而独立的精神象征存在于人类生活的各个层面，是科学、文化和艺术相融合的综合学科，它覆盖了艺术的各个专业领域。对色彩的文化层面做专门的研究，尤其是针对中国民族色彩文化传统观念方面的研究，会提高中国民族传统文化在中国乃至世界的影响，同时对色彩象征文化在艺术实践中的运用起到学术性的引领作用，使艺术创作的文化元素更具民族精神。

———

此项课题的研究倡导以凉山彝族为代表的中国民族色彩象征文化的价值回归，强调研究及保护对民族特色文化的重要意义。

色彩的象征与人类最初宇宙观的形成相伴而生，天是什么颜色，地是什么颜色，人类尚未存在的混沌世界又是什么颜色，答案皆存在于人类对天体的观察与想象。"道法自然""授命天时"是古人固定的思维定式，古人观察日月的运行规律制定历法，并使之与天体的方向及对应的事物相联系，同时以专门色彩做指定。彝族拥有大量的记述原始宇宙观点的史诗和神话，是一个具有丰富色彩情感和想象力的民族。彝族用古老的宇宙观视角观察自然，并试图用他们所熟知的某种事物涵盖和简化纷杂的自然形态和色彩属性，赋予它们特定的象征意义，形成了鲜明的民族文化魅力。

———

凉山是我国最大的彝族聚居区，其文化既接纳了中原及外围地区的影响，又保持了自身独特的民族特点，拥有纯稚、古朴的原始风貌。代表着原始宗教的毕摩文化大多集中在凉山彝族地区。笔者先后多次踏访了四川凉山彝族自治州具有代表性的昭觉、美姑、喜德、布拖、普格等县镇地区，进行深入实地的田野考察和采访，亲身经历和体验当地民风、民情，搜集了大量第一手图片和资料，全面而立体地架构了凉山彝族的色彩外貌与历史、文化等纵向及横向的联系，更加加深了对凉山彝族色彩象征的认识。

本书的绪论部分在阐明研究凉山彝族色彩象征课题的意义之外，重点概述了凉山彝族地理环境对文化形成的影响。笔者以实地田野调查为依据，从服饰、漆器、毕摩宗教等几大部分，直观凉山彝族色彩的使用习俗及外貌特征，引申出凉山彝族色彩表征与文化象征意义的连脉。凉山彝族具备丰富的色彩语义内容；史诗神话拥有大量生动的色彩描述；图纹与色彩相融通；独特的尚黑、尚火习俗有着根深蒂固的历史和文化渊源。在第二章节里，笔者独创性地列举出彝族先民们对宇宙初始色彩认知多元化的色彩图示，有"日月、天地说""青红气说""凉山彝族四方色""中原五色"和具有独立性和神秘性的毕摩色彩体系等，提出凉山彝族多种色彩体系并存的多元化特征。在美姑笔者得到了俄也拉都毕摩亲笔手绘的色彩图示，对毕摩色彩象征观念的研究具有重大价值。本书创建性地提出了对火塘与"三足乌"的联想，推进了凉山彝族色彩象征思维的深度和广度。作者还从凉山彝族传统宇宙观的角度形象地描述了凉山彝族色彩象征从二维、三维到四维形态的递进结构，探讨了人类色彩观念从低级到高级层层进化的认知进步。本书涉及宗教、习俗、天文历法、哲学观等较广泛的内容，着力探讨凉山彝族与中原五行文化的连脉与渗透。中国古人对于色彩品质有着严格的界定，凉山彝族具有典型性色彩组合案例，笔者分别从黑、白、赤、蓝、黄五种正色，进入到凉山彝族色彩鲜明地域文化的具体分析，细化并确立了色彩与文化紧密相连的联想和象征。作者系统地锁定了黑、白组合的阴阳观和生死观；赤、黑组合与火炭、水火、日月、二至、祭祀的象征联系；赤、黑、黄所构成的天、地、人的和谐统一，进一步验证了"凉山彝族四方色"的存在依据和象征表达，诸多的阐述具有独到的见解。笔者借助中西方色彩研究所取得的成果，验证科学与文化的融通，总结了中西方色彩在诸多定义上殊途同归的一致性，包括对 Brent Berlin 和 Paul Kay 的色彩认知程序及三原色、光与色的分析比较。

笔者于 2012 年带领平面设计专业的部分学生接受了凉山彝族扶助失依儿童的社会公益组织"索玛花基金会"的 Logo 设计任务，通过设计实践进一步证实了色彩象征在设计传达中所发挥的重要作用，验证了作为一名设计者只有了解民族的深层文化才能更准确地定义该民族的真实情感和色彩象征所带来的文化含义这一事实，从而实现更准确的设计定位的表达。

针对凉山彝族色彩象征的表达，笔者为凉山彝族传统史诗《勒俄特依》等创作了十余幅插画作品，以此献给钟爱的中国民族色彩象征文化。

2017 年岁末于民族大学西路 60 号院　鲍冬丽

《阿尔署布》

宇宙的下方，
住着德布阿尔家，
德布阿尔啊，
派阿尔署布，
建造地上物。
阿尔署布啊，
携带一网书，
腰系刀和鞘，
背上毕毡帽，
骑上加玉马，
肩挎乌突筒，
穿上毡筒靴，
来到吕敏山脚下。
地上不长树，
去到天上取，
……
杉林无动物，
引鹿放林中，
……
地上没有草，
取来三种草，
……
草原无动物，
引来云雀放其间，
草原亮堂堂，
云雀歌声扬。

color

色彩荣耀

glory ……

目录

第五章

确立色彩象征的恒定意义

Color glory ......

绪论

艺术的起源，

就在文化起源的地方。[1]

恩斯特·格罗塞（Ernst Grosse, 1862—1927）

[1] [德] 恩斯特·格罗塞:《艺术的起源》，
蔡慕晖译，
商务印书馆，
1996 年，第 26 页。

图 1.
施木沟火把节

一、凉山彝族色彩象征研究的意义

　　色彩是外界因素作用于人的感觉器官而形成的一种认知现象。瓦西里·康定斯基（Wassily Kandinsky，1866—1944）把色彩分为纯物理的印象和心理的作用两部分，用以说明色彩的感知是物理、生理和心理互为作用的综合体现。色彩的象征是人类感知自然，形成固定思维判断的结果，属于色彩的心理范畴。就色彩的表现而言，只有实现生理与心理、科学与文化的完美结合，其表现的张力才能发挥到极致。象征通过联想和想象的手段，以物与物之间的指代形式更加艺术化地完成了概念、思想和情感的传递。可以说，色彩所包含的深刻的象征含义，是艺术得以延续而跳动的脉搏，没有明确象征意义的存在，艺术的生命将会黯淡无光，直至衰亡。

　　图像可以借助形象的表述指代明确的信息传递，而色彩的传递是依靠它的表情，其表达的特征是象征性的、暗示性的，甚至可以说是抽象性的。为此，有观点称"中国文化即象征文化"。

　　凉山彝族被赋予"三色文化"的标识，这种结论不甚严谨，尽管从日常的表象看，凉山彝族对赤、黑、黄三色的喜爱是显而易见的，但是从凉山彝族的文化层面分析，赤、黑、黄三色不能涵盖凉山彝族文化的全部内容。凉山彝族对于色彩的选择有着久远文化内在的沉积，鲜明的民族色彩个性特征通过服饰、漆器及其保持有原始形态的宗教毕摩文化等动态文化形式所呈现（图2—图4）。

图 2
喜德地区吉伍巫且绘制的漆器桌面

图 3
民居建筑的漆绘装饰

图 4
西昌市街面店铺

从彝族族源和族称的史料记载中随处可见鲜明的色彩印迹。1987 年云南人民出版社出版的《彝族简史》一书中记载：彝族在历史上有许多不同的自称和他称。直到中华人民共和国成立前夕，流传在广大地区的彝族的自称和他称就有 30 来种，其中以"诺苏泼"、"纳苏泼"和"聂苏泼"作为自称的彝族占滇、川、黔、桂四省（区）彝族总人口的 50% 以上。"诺苏泼"的"诺"在彝语中的特定含义为"主体"，亦为"黑"，"苏"意为"族"，"泼"意为"男人"，"诺苏泼"的总体意为"主体的群族"或"尚黑的群族"。中华人民共和国成立后族称才统一为"彝族"。易谋远在《彝族史要》一书中阐明：当代彝族转化的直接族源可追溯到最早的远祖先世炎黄时代。西汉时彝族的一支先民就以"昆明"为名。东汉时的"叟"和南北朝时的"爨"（黑爨）也都是当时对彝族先民的称呼。唐宋时期的"乌蛮"（元以后被称为"罗罗"）是彝族的直接前身。大约几千年前，为了生存发展的需要，彝族历史上重大的迁徙活动促使武、乍、糯、恒、布、慕六个分支形成，即"六祖分支"。而彝族"以色取彝"的习惯，又有了用服饰色彩定义的五个非正式的分支称谓，"黑彝、青彝、白彝、红彝、花彝"。以往对于彝族赤、黑、黄三色文化的象征讲解有"赤色为热情，黄色为高贵，黑色为正义"，等等，但是这显然是不够的，而且是不精准的，赤、黑、黄、蓝、白，其所包含的更深层的文化内涵有待我们去挖掘。借助凉山彝族整体文化古朴的原始风貌和厚重的文化底蕴，帮助我们深化了对具有民族特质的色彩象征含义的理解，并且可以为其远古某一阶段的色彩文化研究提供参考，这些多层次的研究意义确定了凉山彝族文化的特殊存在价值。

姜澄清在《中国色彩论》中说："在中国文化史上，色彩是涉及深广，却又被遗忘的角落。"的确，在国内，关于"色彩象征"，特别是关于"中国少数民族色彩象征"的专门研究非常之少，陈久金、卢央、刘尧汉等编著的《彝族天文学史》，易谋远的《彝族古宇宙论和历法研究》，杨建吾的《中国民间色彩民俗》，韦多安的《凉山彝族文化艺术研究》，还有王天玺的《宇宙源流论——彝族古代哲学》等彝学研究论著中均零星散布有关于凉山彝族色彩观念的内容，但是，直至目前，对民族色彩象征文化做专门系统、深入的论述还没有，因此此次研究论著的价值和意义得到提升。将中国少数民族色彩象征的研究与中国少数民族艺术与设计实践加以结合并运用更是非常有意义的。《色彩荣耀——凉山彝族色彩象征分析》一书正是以此为目标，希望在中国少数民族色彩象征的研究与艺术实践运用方面贡献自己的微薄之力。

巴且日火在《论凉山彝族民俗事项中的色彩局域》中有这样的论述："红、黄、黑仅就是一种表象的他族人认为的'民

[2] 巴且日火：《论凉山彝族民俗事项中的色彩局域》，见韦多安：《凉山彝族文化艺术研究》，成都：四川民族出版社，2004 年，第 504 页。

族的标识物'，而非民族自身认为的含有象征意义的'文化色彩'。"毫无疑问，凉山彝族的色彩蕴含着极为丰富的甚至可以说是更加深层的文化内容。文中虽然也提到了普遍认为"凉山彝族人对色彩的抽象理解和象征运用还是很丰富的"，但是迄今为止还未见到将凉山彝族文化与色彩象征相联系做更加全面深入的专门论述，这给本书课题的深入带来极大的拓展空间和研究价值。巴且日火还提到《礼仪论》中有"武、乍支系视红为最美；糯、侯支系视绿为最美；德、比支系视白为最美；毕、默支系视黑为最美"[2]。由此认定红、白、黑、绿为"四色文化"，并被标榜为彝族六祖时代的美学观。遗憾的是，对于"彝族六祖时代四色文化"之称并没有见到内容的深化。彝族"六祖分支"，阿普笃慕所处时期正值战国后期和秦朝统一之前，红、白、黑、绿（青）明显带有五行观念的因素。中国古代以"五德终始"的学说推测国家的命运。以五行金木水火土对应"五德""五运"进而衍生出与"五德""五运"相对应的五色标志。或可大胆猜测，彝族以兹莫、诺合代表的统治阶层以黑色为标识，这是否与秦朝尚黑的德色基准存在渊源？关于凉山彝族色彩象征的研究确有很多可深入探讨的话题。

博览西方相关色彩文化的研究论著会发现，其结构体系呈点状或线形特征。相比较而言，中国色彩文化所依附的是一个厚重而坚实的立体结构，它涵盖了人类对几乎无所不包的全部物质世界的象征。随着时代的发展，艺术实践愈加重视文化与科学的结合，色彩象征的重要作用正在逐渐被扩大，西方色彩学心理层面的研究所暴露出的不足和缺陷也就不足为奇了。在现代色彩科学体系研究成果的支持下，关注和研究中国色彩象征文化有着非同寻常的重要意义。

可以说创新性是艺术创作者的优势，当然作为理论研究必须具备逻辑性的论证。书中拥有的或大或小的创新性观点是笔者在研究过程中所享受的"苦中之乐"。

创新点之一：在第二章第四节"彝族神话中用色彩描述的原始宇宙观"中，列举了多元化的凉山彝族色彩图示，包括日月、天地、四方、五色，以及毕摩色彩图示等多元化并存的特征，特别是"凉山彝族四方色"的提出。凉山彝族古老史诗神话中有很多与四方色彩相对应的描述内容。《阿细先机》中写道："东边有一棵红树，红树上生红枝，红枝上长红叶，红叶中开红花。……南边有一棵黄树，黄树上生黄枝……"又有"东边有一朵红云，南边有一朵黄云，西边有一朵黑云，北边有一朵白云……红云下红雨，黑云下黑雨……"。北半球面南观日，凉山彝族称东方为"布多"，西方为"布借"；另外陈久金等在《彝族天文学史》中对于彝族两个节年与二至时间上的近同论证都确立了"凉

山彝族四方色"东赤西黑的色彩指征；再有，《阿细先机》中讲，"阿热和阿咪，称八钱白泥，称九钱黄泥，白泥做女人，黄泥做男人"；古代天文学中称太阳的轨道为黄道，称月亮的轨道为白道；凉山西北高、东南低的地理特点所决定的南方"依姆"、北方"依乌"，即"水头水尾"的象征指意；等等。对以上几方面进行综合的联系和比较，确定了色彩指征上存在的一致性，并以此作为"凉山彝族四方色"定义存在的依据。

创新点二：借助地理环境对文化的影响，提出了凉山彝族"层"文化形态特征的说法。

创新点三：对凉山彝族色彩的黑白、赤黑及赤黑黄组合等象征意义做了系统梳理。尤其是赤黑组合中火炭、玄色、水火、二至、二时制、祭祀等赤黑解说，以及赤、黑、黄对应日、月、人的阐释等，每一个独立象征意义的解说都与凉山彝族文化紧密相连，而且每一个观点都是独具创新意义的。

创新点四：第二章创建性地提出了凉山彝族火塘与"三足乌"的形态联想，拓展了凉山彝族色彩象征思维的深度和广度。

创新点五：色彩的面貌取决于观念。在第五章里，抛开政治与宗教对色彩象征意义的干预，提出以观象自然为本，追求色彩象征恒定性的观点。其中的创新点体现在对 Brent Berlin 和 Paul Kay "色彩七段次"提法中绿色次序的补充；还有莫奈《卢昂教堂》系列组画与中国时辰色彩指示的比较。书中诸多相关色彩图示的绘制都是具有独创性的。

希望借助此次凉山彝族色彩象征课题的展开，推进凉山彝族色彩象征分析研究的深入，力求在更广泛的艺术实践中，对充分运用和发挥色象征性的作用产生积极的影响。

二、地理与文化的概述

研究凉山彝族色彩象征最大的吸引力在于对自身传统文化的保持，其与地貌环境、人文历史等因素密切相关。凉山彝族固有的原始文化背景下所形成的传统宇宙观，使其文化和色彩象征具有特殊的艺术魅力。

（一）以山地为主的地貌特征是凉山彝族本土文化得以保持的重要因素之一

一个地区的文化与其地貌特征和气候条件密不可分。凉山彝族自治州介于东经 100°03′ 到 103°52′，北纬 26°05′ 到 29°18′ 之间。地处青藏高原和云贵高原过渡地带，位于长江上游金沙江流域，它西跨横断山，东依四川盆地，北靠大渡河，南临金沙江，总面积 60423 平方公里。以雅砻江为界，东部为山地，西部为高原。西有大雪山脉，东有大凉山脉，两大山脉相互对峙，最高海拔达到 4000 米左右。人们习惯以黄茅埂为分界，将凉山划分为大凉山和小凉山。分界以西的大凉山海拔高但山势舒缓，一些面积不大的坝子就分布在河谷两岸；分界以东的小凉山海拔虽不高，但山势陡峭，奇峰耸峻，故有"大凉山，山不大；小凉山，山不小"之说。整个凉山州的山地面积约占总面积的 70%，山原次之，丘陵、平坝、盆地仅占 5% 到

6%，山原和山地之间被河谷分割。相对封闭的地貌环境，使凉山人不易走出大山去接触外面的世界，这使得凉山彝族自身的原始文化得到很好的保护，彝族的古彝文核心和影响较大的原始宗教的传承人毕摩大都集中在凉山州。

彝族在人口分布上有大分散、小聚居，大杂居、小聚居的特点。《凉山彝族自治州概况》记录的统计数字显示，彝族总共有657万多人，居全国各少数民族人口第五位。凉山州是我国最大的彝族聚居区，根据2010年第六次全国人口普查，凉山州全州常住人口中，彝族人口为2226755人，占全州人口的49.13%。除在凉山区集中聚居外，其余彝族人口分散或小聚居于四川省各地，云南省红河地区，贵州省毕节、六盘水地区，广西壮族自治区隆林县等地。

将凉山彝族与滇、黔、桂的彝族，甚至横向与更多民族间的色彩特征做比较，凉山彝

[3][德]恩斯特·格罗塞：《艺术的起源》，蔡慕晖译，北京：商务印书馆，1996年。

族整体的色彩表征并不占据悦目的视觉优势，而滇、黔、桂彝族整体文化则更广泛地融合了外来文化，特别是受中原五色文化的影响，从而具备了进步、开放、繁荣的面貌，甚至更具现代感，其绚烂的五色奇彩在以拙重色彩为特色的凉山是难以寻见的。从美姑县的一款青年女装的色彩来看，五色虽也齐备，但整体色彩被高度浓缩提炼为大面积的赤、黑色块，上衣在凝重的深红布底上绣饰黄色的牛眼纹，细碎的绿、白线条的点缀，添加了活跃的生命气息。（图5）从凝重质朴的色彩配置特征可以看出，其色彩表达更深层的意义并不仅仅盲从于美感的满足，可以断定，对于色彩的选择通常带有传承的印记。赤、黑、黄色彩的固定搭配，积存了祖先思想观念和深厚情感的表述。德国艺术史家恩斯特·格罗塞（Ernst Grosse，1862—1927）在《艺术的起源》一书中用大量原始民族人体色彩装饰实例证明了"原始装饰的起源和它的根本性质不是为了装饰，而是作为一种有实际意义的标记或象征"[3]。

图5
美姑县青年女装
（图片由中央民族大学博物馆提供）

（二）四季不分明的气候特点是五行文化中色彩季节特征在凉山彝族未能充分体现的原因之一

气候特点对文化形态的形成也起着重要的作用。凉山州除尼日河外，其他地区的四季特征均不明显，具体体现在海拔高的地区无夏季，南部海拔低的地区无冬季。太阳的高强辐射和季风带来两季干（11 至次年 5 月）湿（6 至 10 月）的气候特点。太阳辐射、大气环流以及地理因素的综合制约被称作构成凉山复杂气候的主导因素。每年 6 到 7 月间，西南和东南季风带来丰富的水汽；10 至 11 月，来自北非和中亚的干热西风气流，使 11 至次年 5 月的凉山长时间晴朗干燥。

阳光与水是一对既对立又互生的物质，是万物生长必不可缺的条件，这一对生胜相关的自然元素被凉山彝族巧妙地以文化的象征形式表现出来。

凉山的这一气候特点也可以作为五色中五时（春、夏、季夏、秋、冬）及其相连带的文化不能在凉山这块土地生根的解释，决定了凉山彝族在服饰上并无明显的季节性区分，从而使中原五色之中的季节属性在凉山失去了生存和发展的根本条件，并直接影响了凉山历法、哲学观的形成。受凉山气候特征的影响，凉山彝族用一节一年将一年分为两半，这就是他们最重要的两个年节——彝年和火把节。凉山彝族基本的物质世界认知观念，鲜明的阴阳物质观的形成，对"凉山彝族四方色"色彩象征模式的确立起到了至关重要的作用。

（三）层次分明的垂直气候带谱使凉山彝族拥有了"层"艺术形态的表达

凉山另一个特殊气候特点是以安宁河谷为中心轴，由中轴以南向西北和东北逐渐升高的山地和山体，造就了区域和整体性层次分明的垂直气候带谱。"一山有四季，十里不同天"的复杂多样的气候特点使凉山彝族的先民们以切身的体验感悟到天地与人的亲密关系，创造出"层"的艺术形态的表达。彝族史诗《洪水记》第一至第五章，分别是"乾天第一层，乾天第二层，乾天第三层，乾天第四层，乾天第五层"，分别描述邃古太初时的造天过程。第七章的造地说里又有：将"散"与"额"（未有天地之前就存在的某种气体）相触碰，分成了蓝色的九层的描述。在彝族万物起源歌《查姆》里也能看到"龙王罗阿玛……到九重天上找种子"的描写。"层"的观念表达无处不在，层数，多以3、5、7、9等奇数表示，奇数为阳，与彝族尚火传统相关联。例如，火葬仪式上，以"男七、女五、孩三"的层数架柴。关于"层"形态表达的具体分析见本书第三章"色彩象征的多维递进模式"的第二节"三维层形态"。

（四）西北高、东南低的地势特点成为"凉山彝族四方色"象征的主要依据

整个凉山境内有大小河流265条，多属金沙江、大渡河的支流。西北高、东南低的地势特点，使河流为南北走向，也因此形成了四方指向中的东方"布多"、西方"布借"的"日出日落"，与南方"依姆"、北方"依乌"的"水头水尾"的象征指意。

针对这一地势特点，笔者提取了彝族古老史诗神话中与四方色彩相对应的描述内容以及古代天文学中对日月运动规律的观察认知等，进行综合的联系和比较后，确定了在色彩指征上存在的一致性。以此为依据，笔者在本书中开创性地提出了"凉山彝族四方色"的定义，并确立了"凉山彝族四方色"中色彩象征的指代，即东指日出，为天；西指日落，为地；北指水头、阴、女、月、地；南指水尾、阳、男、日、天。

color glory ......

第
一
章

凉山彝族色彩印象

第一节　服饰色彩

凉山地区服饰色彩集文化、美感和实用于一身，它作为一种地域物质文化形态的代表，体现了凉山彝族的历史文化、社会形态、生活环境、审美情趣和宗教信仰等综合面貌，蕴含着古老的文化渊源。凉山彝族按方言特点划分为液倮（义诺）、圣乍、所地三个区。三区的服饰特点也有所不同。三大方言区的服饰同中存异，体现了不同地理及人文环境对文化所产生的影响。凉山彝族服饰（图6-1，图6-2）的总体风格特点是厚重、朴实，实用保暖，常见的服饰类型有日常装、婚服、丧服、毕摩服、战服等；服饰的总体色彩可以用黑、蓝、红概括。色彩搭配体现了性别的差异，总体上说，男性以黑、蓝为主体色，女性以黑、红为主体色，这其中有丰富的文化内涵做解说。男子着装以黑、蓝作为大面积主色，用红、黄、绿等鲜艳色彩通过小面积的绣饰和配饰做点缀，显示了凉山彝族对于色彩形式美法则的运用能力。男子头顶留一块方形头发，是著名的"天菩萨"。按照传统的方式将其编成辫子，用四丈多长的青黑色头帕将其包裹成拇指粗细的大约20至30厘米长的椎形，再用赤、黑色线缠绕，偏右侧向天竖立，称"英雄结"。"英雄结"被视为天神的象征，神圣不可侵犯。方向性是彝族传统文化的一个重要内容，它关联着阴阳属性的认定。在凉山彝族传统的对宇宙事物的认知观念中有着鲜明的阴阳特征，他们在生活中对方向性的认定也尤为重视，这其

图 6-1，图 6-2

彝族女装

（图片由中央民族大学博物馆提供）

中也包含了宇宙方向与色彩象征的链接。"英雄结"竖立有偏左和偏右的方向之分，凉山彝族男子的"英雄结"是向右偏。据传是与古侯族从金沙江右侧迁至凉山有关。"英雄结"的缠绕方法是自右向左逆时针方向，给死者则是自左向右的顺时针方向，这是专属于凉山彝族男子的阳性运转方向。"男子左耳戴红、黄色大耳珠，下垂红穗，也是与尚左、尚阳及尚火文化相关联的。彝族男子上身斜挎一条细牛筋编制的佩

带，上缀象牙圆片，叫"英雄带"，彝语称"都他"，古时用于系挂战刀。男子的裤子普遍选用青蓝色和黑色，腰部多褶，有时在下摆处做少量的线形绣饰，或在侧面贴绣太阳纹样。裤口有大中小之分，并以此界定液偍（义诺）、圣乍、所地三区。（图7-1，图7-2，图7-3）男女上衣均为右衽大襟或对襟窄袖衫，襟缘、领口、袖口等处绣花边纹饰，在色彩上也没有明显的性别区分。凉山彝族服饰在年龄上的色彩特征与自然生命的旺衰规律相一致，尤其体现在女装的色彩变化上。妇女的裙装为多层不同色彩搭配的百褶裙，裙体色彩有明显的年龄特征。孩童服饰色彩清亮简洁，儿童裙以赤、白色为主；"成年礼"换裙仪式后添加了蓝、黄、黑等丰富的色彩层次；妇女从换裙后到50岁的这个年龄阶段的服饰色彩最为艳丽，老年服饰色彩搭配普遍加入青蓝色，使整体色彩趋于朴素、暗淡，有持重感。女子

图 7-1，图 7-2，图 7-3
彝族男服（大裤脚、中裤脚、小裤脚）

的头饰样式也因地区、年龄和身份的变化而有所不同。女装的领部是独立的，与上衣不相连接，多以红色做面，上绣与太阳相关的纹饰，缀银箔泡花，前面领口处（图8-1）有方形或花形对接扣式领牌（图8-2）。

荷包作为实用性的服装配饰，又称"烟袋"或"雨八筑"，女子用"雨八筑"多为三角形（图9），彝语叫"举比罗丝"，挎挂于左侧腰际。多以黑色布料作底，里衬用红色，面上绣多变化的纹饰，上端斜开

口，下端缀五彩穗坠，精美的绣工成为整体服饰色彩的点缀。男子用的包具多为皮质，方形，挎于肩，彝语叫"尔吉举比"。"尔吉举比"选用一或两岁的优质绵羊的皮缝制，用削刻的方法制出精美的图案，技艺精湛。老人使用的叫麂皮包，内装打火石、火镰和烟具，兼做裤带之用，色彩保持自然的本色。

"察尔瓦"是凉山彝族承袭先民服饰风格特征的显著标志。外出时，无论男女老幼皆披"察尔瓦"。"察尔瓦"非常实用且耐寒，雨天为蓑，白天当衣，夜晚为被。我们所说的"察尔瓦"应该细分为三种：其一是以羊毛线编织而成的，叫"瓦拉"，是凉山彝族最常见的"察尔瓦"形式，它的色彩一般为黑、青、白色，长至膝，有坠穗；其二是用羊毛擀制而成的，叫"什都"即"帔毡"，色彩以黑色和青色居多；其三是布托男子最喜爱穿的，由羊皮制成的"优

图8-1
领口

图8-2
领牌

图9
女用荷包

基阿泼　”。由西部地区的古羌人和西南地区的古濮人融合而成的彝族先民以游牧为生，他们喜爱以动物皮毛为衣料。"优基阿泼"的制作工序非常讲究，选料为5只大约3岁且毛色相近的同龄羔羊。要选适宜的时间宰杀，得其皮毛。采用轻揉、拼接、缝合的方法制成。"优基阿泼"的色彩选取动物自然毛皮本色，其中以黑色为最珍贵。原因是：黑色羊相对的稀少；凉山彝族尚黑。在昭觉县竹核乡马海木机家，木机夫妇拿出家里老式和新式的"察尔瓦"展示给笔者看（图10）。旧式的"察尔瓦"为青黑色，色彩非常沉稳；新式的"察尔瓦"多采用现代的化工染料，色彩显得很纯艳。我问木机：新旧两款喜欢哪一个的色彩？木机说他还是喜欢旧式那一种。我问为什么，木机说："说不出，只是心里喜欢。"

凉山彝族在长期生产劳动、生活实践中积淀下了世代相传的民族文化基因、精神特质和思想理念，展现出凉山彝族包括价值观念、心理结构、

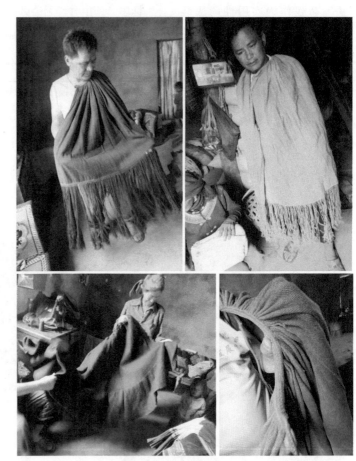

图10
马海木机家的"察尔瓦"

气质情感在内的群体意识和群体精神，是彝族文化精髓的重要组成部分。这一切通过服饰这一外在形式传达出来。岭光电在《凉山彝族习俗》手稿中提出了凉山三个地区彝人存在"液倮人坚强，圣乍人活泼，所地人醇厚"的性格差异，这在三区服饰的色彩特征上也是有所展现的。

"液倮"，又称"义诺"，包括美姑、雷波、马边、峨边、甘洛南部、越西和昭觉东部等地区，有阿俣、苏甘、阿卓、甘家、思渣、府技、勿雷、结觉、阿黎、沙马等氏族。"液倮（义诺）"又以男子宽裤脚的特征被称为"大裤脚地区"。大裤脚最宽达2.5米，多为蓝色。上身搭配青色或黑色紧身上衣，两袖和前襟绣有火镰纹、羊角纹、波纹、漩涡纹等多与自然生命主题相关的精美图案。义诺地区女子头饰的特点是典型的青黑色布底绣花方帕，以掺有青线盘系的宽粗发辫为配饰。其中美姑的头饰为多层青黑布头帕，婚后层数增多，生育后改戴黑色荷叶帽。义诺式女上装在

衬衫外罩坎肩或短袖大襟，下着三至四层不同色彩搭配的百褶裙。黑色更多地用于宽大裙摆最下层，成为较为固定的程式。彝族人认为，黑色是象征繁育大地生命之母的色彩。在凉山笔者随机调查了当地居民对这种固定色彩模式的看法。大家一般认为黑色有耐脏的实用性能，同时也得到了"黑色象征大地"的认知回答。在"义诺"服饰类型中（图11），黑色还多用作上衣的环肩、襟缘、袖口以及头帕的布底。正是因为大面积黑色的存在，才可以毫无顾忌地穿插进赤、黄、绿等多彩的绣饰，这是民族色彩最重要的装饰手法。更为重要的是，黑色在承担着色彩统一这一视觉功能的同时，也承担着传递色彩象征含义的重任。

"圣乍"，包括喜德、冕宁、西昌、盐源、石棉、九

图 11
昭觉街面服装店

龙、宁蒗、越西大部、昭觉北部、木星等地区，有罗洪、瓦渣、洛米、洛伍、八切、补余、热口、果基、惹尼等氏族。圣乍地区的男裤装为中裤脚，该地区又称"中裤脚地区"。男子中裤脚宽约1米，色彩仍以青黑色为主。女装与其他地区不同的是，在上衣外面套穿深色布底的坎肩，坎肩的肩口部位镶一圈兔毛，显得活泼生趣。"圣乍"上衣的织绣很有特点，不分男女老幼，均在环肩、前襟、衽边处绣三角或菱形的纹样。裙饰色彩亮丽夺目，以黑、白、赤、黄搭配为多。青年女子日常喜爱戴赤里黑面的双层绣花头帕。和义诺地区相同，结婚生育后的妇女改戴荷叶帽。（图12-1）

　　"所地"，包括布拖、普格、会东、宁南、盐边、米易、昭觉南部、金阳西部等地，有吉秋、必补、拨差、阿俄、尔恩、改务、惹列、加把、阿都、阿硕等氏族，为"小裤脚地区"。男子小裤脚宽20厘米左右，腰肥，裆宽。常见的布拖男装，上衣短款不过脐，密排长扣襻，并

装饰银泡扣。上装的面料多为黑缎，红色内衬，领口、襟缘、袖口、衣摆等处滚红黄色边，长襻扣也以红黄色彩做装饰，是黑、赤、黄三色精致组合的典型范例。不同于其他地区的是，"所地"男子以青黑布缠头，不饰英雄结。一款普格的男子包头，黑布包头用红线缠绕，赤黑色彩的组合形式蕴含了彝族特定文化的象征寓意。"所地"女装以布托最具代表性。女子上装多见蓝色为主的长衫，外罩短袖或不过脐的短款外衫，短衫饰满漩涡状的牛眼纹装饰。

图 12-1 荷叶帽
（图片由中央民族大学博物馆提供）

图 12-2
笔者试穿义诺女装
（摄影王永忠）

银饰是布托服装配饰的标志性特点（图13），女装的银泡扣要比男装的大很多，很有特色。银饰色彩特征在凉山彝族特有的象征物中是属于女性的，同时象征财富和高贵。

"所地"女子戴青布竹架直立造型的圆顶帽，日常则多系简便的青绿绣花方巾。纯羊毛织制的"所地"女裙，颜色搭配端庄、质朴，裙褶细密，质地厚且织功精细，价值不菲。笔者2011年在西昌街面一家服装店里见到一款纯羊毛裙（图14），标价为6000元。

在凉山，常见三区服饰混穿的情况，不乏迁徙、婚嫁等多种原因所致。在街头的服饰店面，甚至是博物馆中，将三区服饰混搭于一身的情况时有发生，唯有当地人能清晰分辨其各自的归属。

图13
身着布拖女装的罗艳

图14
"所地"纯羊毛裙

———三　凉山彝族文化常被称为"三色文化"，主要是以赤、黑、黄标志性的漆器色彩在彝族漆器中的运用为依据的。在漆器史上，彝族漆器作为少数民族漆器的代表，独树一帜，它以朴拙、简洁、粗犷的风格而闻名。彝族漆器胎骨的质地有木、皮、竹、角、竹木、皮木等六种，其中以木胎、皮胎为多。漆器的用途包括餐具、酒器、兵器、马具、毕摩用具等。（图15-1，图15-2）

传统游牧的生存方式帮助古氏羌人选择、熟悉并掌握了髹漆的技艺。凉山彝族漆器多以木为胎，方便携带，漆器成为凉山彝族生活中不可缺少的部分。凉山拥有丰茂的原始森林资源，这为漆器制作提供了便利条件。他们就地取材，挖空成器。漆树，是一种落叶乔木，它的天然汁液，

图15-1
彝族传统漆器马鞍
（凉山奴隶社会博物馆藏）

图15-2
皮碗
（凉山奴隶社会博物馆藏）

会使人的肌肤红肿，产生难以忍受的刺痒感。先民们发现用漆树的汁液涂抹在器物表面可以起到耐腐蚀和增固的作用，并且用汁液加工成熟漆，与天然色粉调和，可以保持器物色彩的光鲜亮丽，使之永久不褪色。

彝族漆器始于什么时间至今没有定论。有记载称彝族的髹漆工艺是从距今1700余年、传承约有57代的狄一伙甫开始的，但只限于传说，没有实证。也有研究从彝族漆器的胎形做判断，确认其历史有4000年之久，那也正是"大禹造漆器"的年代。单将彝族漆器所保持的赤、黑、黄三色特征与中国漆器史中色彩的时期发展特征做比较，也会为推断其产生时间提供帮助。本书的重点虽不在于此，却欣喜于在比较中所获得的对于凉山彝族色彩象征意义的启示。

1978年浙江省余姚河姆渡新石器时代遗址第三文化层出土的木质朱漆碗，器壁外髹饰一层薄薄的天然朱色漆，它是我国迄今为止发现最早的漆器之一（图16）。

图16
1978年浙江省余姚河姆渡文化木质朱漆碗
（湖北省博物馆藏）

漆器最早的色彩是赤还是黑，尚无从确定。迄今考古挖掘所能见到的尧、舜、禹至夏、商、周时期的漆器均为朱、黑单色或两色。河南省罗山县天湖商代一、二号墓出土的商代用于盛放食物的木碗，为通体黑漆。《尔雅·释畜·郝疏》记载，夏代祭祀时兴"牲用玄"，即用"夏羊"祭祀。夏尚黑，"夏羊"即"黑羊"。《韩非子·十过》："舜禅天下，而传之于禹，禹作为祭器，黑染其外，而朱画其内。" 漆器最早的用途除生活实用外，更重要的是祭祀。大禹造漆器，以外黑内赤涂色。以祭祀为目的的漆器，其色彩拥有严格象征意义的限定，详尽分析见第四章第五节"祭祀解说"。湖北省江陵县望山二号楚墓出土的战国中期的几何纹彩绘木胎漆耳杯（图17），为赤、黑两色，杯内髹朱漆，杯外髹黑漆，体现了典型的祭祀色彩特征。漆

图17
湖北省江陵县望山二号楚墓出土，
战国中期的几何纹彩绘木胎漆耳杯
（湖北省博物馆藏）

身外沿与两耳用朱漆在黑底上绘勾连雷纹和圆卷纹，其纹饰与彝族的牛眼纹极其相似。

西周时期的一款"嵌绿松石漆瓴"，其色彩特征以朱漆为底，施以褐彩，下部两道金箔上镶绿色松石，颜色和实物镶嵌的工艺上都有所突破，已经展现给我们漆器最早在黑赤以外的色彩象征的关注，黄、蓝、白等色彩被纳入漆器的绘制的主流色中。

战国早期的"彩绘乐舞图鸳鸯形漆盒"，盒体髹黑漆为底，用朱、金两色绘鸳鸯的外部形态和羽毛，腹部用朱色分别描绘"撞钟声磬图"和"鼓舞图"。

战国时期的另一款木胎"彩绘漆内棺"，内壁髹朱漆，头档中部嵌一件青玉璜。外壁在漆灰底上以黑漆为底，再髹一层朱漆，之后再用黑、黄色漆描绘龙蛇鸟兽神等形象，共九百多个。

从战国时期的漆器可以看到，黑、赤、黄三色漆绘特征已成规模。由此可以确定，彝族漆器黑、赤、黄三色漆绘特征的形成历史应该不少于2000年。黄色的加入，一定程度地削弱了漆器色彩的祭祀特征，向着美感的完善迈进了一步。

凉山漆器用于生活、祭祀、战争，几乎无处不在。凉山彝族至今保留着极其古老而原始的宗教形式，在彝族的生活中，无论婚、丧、喜、祸都要请毕摩做法事，毕摩使用的法器中漆器（图18）是不可缺少的。岭光电在《凉山彝族习俗》的"悼歌2"中，有疑似漆器用于法事的记录："悼念……呗手有什么，呗手有漆水……用漆水打鸟，古时有鸟漆黑，而今犹漆黑""呗手有什么？呗手有彩漆，甩来打山喳，古时打得山喳嘴已红，而今嘴犹红"。[4]

图 18
毕摩法器签筒

[4] 岭光电：《凉山彝族习俗》，中央民族学院少数民族语言研究所彝族历史文献编译室，第110页。

喜德和漆器有着不解的历史渊源。杨泓在《中国古兵器论丛》中写道："迄今为止在考古挖掘中获得的年代最早的皮甲实物，是河南安阳侯家庄1004号墓的南墓道中发现的皮甲残迹。这些皮甲仅剩下了皮革腐烂后遗留在土上的纹理，有黑、红、白、黄四色的图案花纹。"[5] 文中记载的"年代最早的皮甲"，其时间大约在殷周时期，土上残留的"黑、红、白、黄四色的图案花纹"应该就是漆绘色片的残留。而黑、红、白、黄四色与彝族特有的"四方色"色彩体系完全一致。具体分析见第二章"彝族神话中用色彩描述的原始宇宙观"一节。直至今日，恐怕也只有彝族尚保留有完好的漆器铠甲（图19），这是彝族特殊的发展历史留给我们的跨越时空的存活着的古迹。

美国人类学家斯蒂文·郝瑞在20世纪80年代曾多次考察中国西南地区。在《一个美国人类学家眼中的彝族漆器》一文中，郝瑞记录了洛嘎村吉伍家支的漆器制作工艺：髹漆的第一道工序是把整个餐具从里到外全涂成黑色（图20），只有一些大的高脚的餐具底部不用上漆，待放上几天后，开始涂上黄色的漆。再放上几天后，涂上红色的漆。文中记录了两家凉山漆器餐具厂。一家是昭觉民族漆器餐具厂，一家是喜德漆器餐具厂。文中写道："来自阿普著名的漆匠吉伍巫且受聘做了副厂长和总设计师。喜德民族漆

图19
凉山彝族漆器铠甲
（凉山奴隶社会博物馆藏）

图20
素胎木盘

[5] 杨泓:《中国古兵器论丛》(增订本)，北京:文物出版社，1980年，第3页。

图 21
笔者采访吉伍巫且

图 22
吉伍巫且在制作漆器

图 23
吉伍巫且家的老漆器

器餐具厂开始以阿普传统生产方式为基础生产漆器。"

20多年过去了，由吉伍巫且经营的喜德漆器餐具厂尚在。2011年6月，笔者分别在吉伍巫且位于西昌和喜德县米市镇的家里对他进行了采访（图21）。如今的吉伍巫且已拥有全国工艺美术大师、全国工艺美术协会理事等称号。2008年吉伍巫且作为凉山州的唯一代表，入选第三届世界非物质文化遗产传承人。在西昌凉山彝族奴隶社会博物馆的漆器大厅里，大半陈列着的是巫且的漆器，展厅里张挂着吉伍巫且制作漆器的照片（图22）。笔者在吉伍巫且家见到一款木胎漆盘，底部露胎不挂漆，漆身绘制有牛眼纹，笔法娴熟、干练。该漆盘是巫且父亲早年之作，至今有近百年的历史（图23）。

在吉伍巫且的带领下，笔者参观了他的漆器加工厂。（图24，图25，图26）在西昌吉伍巫且的家里，笔者对巫且进行了采访。交谈中，巫且特别强调对天然矿物色彩原料的选择。据巫且介绍，他的漆器全部采用的是天然土漆，即生漆。生漆是从膝树上采割的乳白色胶状液体，一旦接触空气后转为褐色，数小时后表面干润硬化而生成漆皮。生漆具有耐腐、耐磨、耐酸、耐溶剂、耐热、隔水和绝缘性好、富有光泽等特性。髹漆使用的是熟漆，也就是将生漆做过滤、日晒和加热脱水等处理。经过处理后的熟漆漆

图 24
使用天然矿物质漆色的漆器加工

图 25，图 26
漆桌和未完成的漆椅

色呈棕黑，由于经过了脱水处理，其金属附着力提高了，漆膜也更加光亮、坚固和耐用。

处理后的土漆与天然矿物颜料调和成所需的漆色。赤色为银朱，黄色为石黄，由于棕黑色的土漆作为黑色不够纯正，所以通常要用大理石灰（最早用黑色泥巴）加土漆做底，一是使挂色更牢固，二是使黑色更纯正。如果不打底直接上土漆，会是暗红色。黑色第一遍最好的方法用豆汁煮制，熟后加入锅烟，用于打底。猪血和松油是重要的调和剂，用松油调漆，会使漆表面更加细腻，也更利于打磨。动物血调和锅烟形成黑中带赤的色质，凉山彝族赋予了这种色彩饱含宗教情感的象征含义。

漆色的调配需要娴熟的调色技术，其色质的差异主要是由加入土漆的比例决定的，土漆加得多，颜色会暗一些，加入得少，颜色会亮一些。色质的差异完全靠眼睛把握。以不艳也不暗的适中色质为最佳。吉伍巫且特别提到了街面上多见的鲜亮的漆器色彩基本都是运用现代化工颜色绘制的，巫且的漆器则坚持使用天然矿物色，他说："不能作假，对不起国家"。

黑、赤、黄色彩作为漆色的选择被固定下来，主要原因之一是矿物色获取的便利性，还有就是与熟漆相调配有很好的稳定性。除黑、赤、黄天然矿物色之外的其他色与土漆调配均会发生变黑的现象，而且黑、赤、黄以外的绿、蓝等矿物色在凉山相对稀少，所以不被选用。

我问到了黑、赤、黄分别代表什么象征意义的问题，吉伍巫且说："按照老一辈人的说法，黑色代表土地；黄色代表美丽；赤，对于少数民族来说不能离开火，自然是代表火的意思。"

漆器色彩随时代的发展，不断更新创造出多样化的色彩变化，但是凉山彝族漆器色彩却始终如一地固定了赤、黑、黄的搭配，这其中有一条无形的纽带将其根深蒂固的哲学观念与色彩自身的象征内涵紧紧捆绑在一起。（图28，图29）

图28，图29
凉山彝族漆器酒杯、餐具

　═══　凉山彝族色彩的使用不仅作为一种色彩美感的满足存在，更多的是作为宗教和文化的象征意义而存在。保持相对原始特征的凉山彝族文化面貌，可以从毕摩所创造的色彩特征中得到印证。

在凉山，毕摩文化占据了主体文化的精髓。"毕"彝语为"诵""念"之意，"摩"的意思是"长者""老师"。彝族自古称毕摩为"师"，其职业和学识世袭相传，承袭了语言、诗文、经典、文字、风俗、伦理、天文、地理、医药、军事、法律、历史、艺术、建筑等全方位的文化传承。彝文经典中这样形容毕摩知识的渊博："兹的知识用石量，莫的知识用斗量，毕的知识无法量。"兹为君，莫为臣，毕为学者，"君臣师"是凉山彝族奴隶社会三位一体的统治结构。毕摩地位的排序在兹、莫之下，但却有"兹莫来至，毕摩不必起立示礼"的古代习俗，显示了凉山彝族尊重知识和文化的优良传统。

毕摩的着装色彩朴素稳重，多以大面积蓝黑色系作为主体色彩，绣边装饰也以蓝、绿、紫为多，很少有大面积的赤、黄等艳色出现，这与苏尼的服饰色彩有着鲜明的区别。毕摩服饰（图 30）在色彩特点上彰显了毕摩"师""长"身份的庄重和凉山彝族对于色彩尊贵等级的认识。

有研究考证，据《勒俄特依》和《彝族谱牒》等史料推算，毕摩文化大约起源于母系氏族社会晚期。直到 1956

年，凉山彝族仍保持着奴隶社会制度和完整的古代毕摩文化。毕摩文化如今已成为文化遗产被保护和重建。毕摩做毕是彝族人民朴素的民族精神和信仰的需要。由于以毕摩为代表的彝族宗教文化未能被提升为系统化的神学观念，因而它具有很强的万物有灵和鬼神崇拜等原始宗教神秘化特征，是具有原始色彩的民间宗教。

一、招魂色彩

图 30
凉山毕摩服饰
（凉山奴隶社会博物馆藏）

彝族认为人死后有些人会成神灵，有些人会成鬼怪。人去世后都要走过毕摩指引的路到达祖界，与祖先团聚，否则就会成为迷失道路四处游荡的鬼。"鬼域"应该是迷失道路的鬼聚集和游荡的地方。为使死后的人不会成为鬼，就要进行招魂的仪式。招魂仪式的目的是使死者的魂灵有去处，不再游荡祸害生者。还有一种是关系亲密的人死后，生者会因思念魂灵随其而去，因此而招魂。再有如生病、灾难等不吉利的事都疑似魂不附体或受鬼魂侵扰，叫作"鬼上身，或是魂被鬼诱走了"，于是要把魂招回到招魂罐里，由毕摩选一个吉日，把魂放回死者身上。

在驱鬼招魂的仪式中，多会出现白、花、黑三种色彩的不同指意，如："驱鬼、除秽、除债的神枝白，神枝花，神枝黑""白鬼屋，花鬼屋，黑鬼屋""白色圈护线，花色圈护线，黑色圈护线"等。护家法宝上放置的白蛋、黑蛋；白布、黑布；白盐、黑盐等，均有相近的用途。还债神枝中有用黄连做成的金棒和用去了皮的白杨枝做成的银棒，用以区分性别。

三种不同的色彩供神、鬼、人选择。三种色彩中，白为天，是给神灵和生者的选择；黑为地，是给死者或是仇者的选择，

图 31
缠裹着艳丽布条的草偶
（美姑彝族毕摩文化研究中心藏）

[6] 巴莫曲布嫫：《神图与鬼板——凉山彝族祝咒文学与宗教绘画考察》，广西人民出版社，2004年，第19页。

因此黑色祭牲物还多被用于咒术；在彝族黑白之外的颜色均被称作花色。花色被彝族人接受并喜爱，他们对鲜艳色彩的喜爱程度至深，甚至用其招引鬼怪的注意，用花色的美丽去引诱鬼怪。红、黄、花色给鬼怪病魔，用以把作祟的鬼怪吸引过来，并把它们引领到应去的地方，达到镇鬼驱鬼的目的。白、黑、花三色不同的指意，实际上代表的是彝族先民将世界划分为祖界、人间、地下界的最基本的"三界观"。

《紫孜妮楂》讲述了鬼来源的故事，因此有了"鬼多为女性，神多为男性"的传说，"实质上这是母权制逐步向父权制过渡的特定历史时期，男女两性之间勃谿（同溪）争衡的余音远唱"[6]。在《紫孜妮楂》中，化身白獐的紫孜尼楂被武士罕依滇古射杀，变作一棵开着红花的大树。笔者在喜德县采访吉伍依作，据依作讲：在凉山的深谷河道旁确实生长着一种带刺的结有红色果子的树，叫"寿"，意为"刺果"，"刺果"多长在河边，果子很好吃。人死后，毕摩诵唱《指路经》，"刺果很好吃，你到那里去吧"，意在把鬼吸引过去，同时指给死者一条通往祖灵圣地的路。在毕摩法事中，把草偶装扮成妖艳的鬼，在草偶上缠裹色彩艳丽的布条，将草偶送到郊外，捆绑在树上。在除麻风神座中有红线和蓝线的使用，他们认为：用自己所喜爱的鲜艳的红、黄、蓝色铺设一条花色的路，一定会吸引鬼怪前往。（图31）

《唤魂经》中有："冥间所流水，流水成三色，一种为红色，红水'斯尔'水，非可饮之水，渴时莫饮之，不渴也莫饮；一种为黄水，黄水'斯勒'水，非可饮之水，渴时莫饮之，不渴也莫饮；一种为黑水，黑水'鬼域'水，非可饮之水，渴时莫饮之，不渴也莫饮。""斯尔"意指风湿类疾病，"斯勒"意指心脏类疾病。笔者认为，在这里

红色、黄色并非特指哪一类疾病，而是应该意指在红色、黄色的地方有妖鬼泛滥，疫病横行。换一种说法，红、黄所在不是不吉和疾病的象征，而是美丽诱人的地方，也正是鬼魂聚集之处。因为在经文中又有"勒姆美姑啊，左边有黄道，黄道'斯尔'道，右边有黑道，黑道'尼此'道，中间有白道，白道主魂主灵道"。这里黄色又换指"斯尔"了。自然界中很多动植物在鲜艳色彩的外表

背后往往隐藏着毒性。在色彩识别中，赤与黄通常被称为"警示色"，用于警示危险，引起警觉。而"警示色"多采集于非洲剑蛙、黄蜂、小美牛肝蘑等毒性强且具备美丽伪装色的动植物，它既代表危险，又充满诱惑。或许这才是老子"五色令人目盲"的真正含义。黑色的道路"尼此"又意"鬼域"，与死者有关，绝非邪恶之意。以往人们对色彩个别意义上的认识偏差，往往会在具有辩证性的色彩象征意义中得到更加合理的解说。

毕摩作法时所用的随身器物有法扇、法铃、法笠、签筒、经书，被合称为"神经五具"（图32）。毕摩在作法时诵念："法笠黑压压，法扇摇晃晃，签筒如林立，神铃似

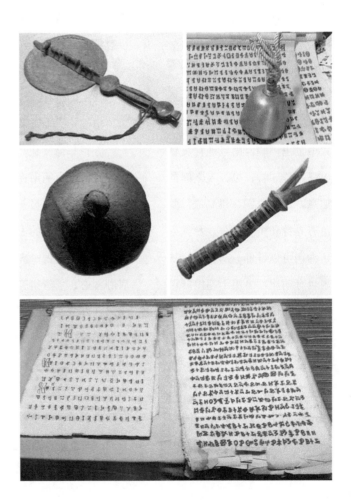

图 32
"神经五具"

雷震。"毕摩随身带的法具，在仪式中有各自特殊的用途。

法扇彝语叫"切克"，用于扇鬼魂，或用于传递祖妣赐福后代的谷物。法扇有篾编和铜制的两种，圆盘扇形。法扇的柄端装饰雌雄鸟，特指神话中的神鸟阿普依曲，鸟喙前伸，呈吐物状。扇面柄条上趴伏着两只猴子，又或雕有护毕神鹰、神虎和吞邪豺狼。柄把上刻有天地四方和擎天四柱，是彝族比喻宇宙为"无垠的空间"与"转动的磨盘"的传统宇宙观最为贴切的象征表达。

法铃，彝语叫"毕句"，仪式中发出声响，用以通神灵镇鬼怪，传递神、鬼、人之间的信息。法铃由铜、锡制成，颜色有赤铃和黄铃之分。彝族人认为铜可以辟邪、防雷击。法扇也有铜质，多用于超度麻风病死魂的仪式。神话中支格阿龙的帽子亦描述为铜质。

法笠，彝语叫"勒伟"，充当毕摩的保护伞和辟邪物。据传，古时的法笠为红色八角形。法笠一般用篾编织，顶饰红缨穗，饰以草秸、鸡毛等有寓意的神物，坠鹰爪。鹰被凉山彝族视为灵物，可助毕摩驱鬼降妖。也有以黑色毡片套于笠上，叫"毕尔拉略"，意为"虎眼神笠"，每做一次送灵仪式便加一层毛毡，毛毡层数越高表明毕摩法术越高，这其中体现出彝族对特有的层结构观念的认识和使用。

"武士"，又叫签筒，彝语叫"乌吐"，是毕摩用于放置占卜神签，有镇魔降妖的功用。签筒分上下两部分，子母扣合。签筒一端呈张口鸭嘴形或呈半椭圆形，以此作为阴阳之分。凉山奴隶社会博物馆收藏的一款"武士"，其上端形似张开的鸭嘴，红漆髹饰，通常嘴外侧应该站立一对雌雄鸟，由于器物年代久远，可能已经脱落。签筒器身绘黑、赤、黄条状色带的装饰，共有四处用麻线绳缠绕并涂以黑色漆，看似是为加固而为之，最初应该绘有纹饰。

经书是毕摩做仪式的重要依据，毕摩诵念经书的内容引导仪式的进行。经书种类繁多，根据用途和内容大致分为"黎数"、"咒术"和"历算占卜"三类。

在以毕摩文化为核心的彝族生活中，一切与命运紧紧相关联，色彩的用途更是以此为目的。毕摩除替人招魂、驱灾辟邪之外，另一个重要的职责是占卜未来，预知生死福祸。凉山彝族的占卜种类繁多，有与古代天文历法相关的二十八豹星占、虎星占，木刻占，有独特而神秘的灸羊肩胛骨占、黎姆猪胛占等等。各类占卜中除参照其形状、纹路、方位、数量、声响等貌相之外，色彩是极其重要的占卜依据。比如，在鸡蛋占中（图33，图34），如蛋清发黑，为凶兆；如蛋清上有红色血点为吉兆，以红点大、多为好；如蛋清清澈，表示平安无是非。鸡头占中，毕摩要取鸡的舌骨，除了看其弯曲的形态外，就是观其颜色，色彩的卜算方法基本与蛋卜无异，即黑为凶，白、红为吉。

2011年夏，在美姑通过阿牛史日老师的引荐，笔者走访了俄也拉都毕摩。中午和阿牛史日老师、俄也拉都毕摩一同吃午饭，阿牛老师很自然地将砂锅鸡里的鸡头夹给俄也拉都毕摩，拉都毕摩将鸡舌部分中的叉骨抽拉出来仔细观察，最终做出结论，大致意思是说阿牛近期不会有大的财运，这给阳光下的午餐平添乐趣。（图35）

图33，图34
美姑县街边的毕摩用鸡蛋占卜观色

了解到笔者的研究兴趣，拉都毕摩特意为笔者绘制了一幅他在做法仪式中所依据的色彩图示，并用彝文标识出图解，阿牛老师逐一翻译，其中充满了未知和玄奥。（图36，图37）

图35
俄也拉都毕摩在做鸡头占

图37
笔者与俄也拉都毕摩合影

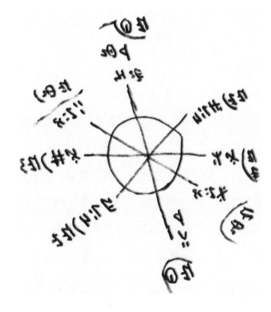

图36
俄也拉都毕摩绘制的色彩图示

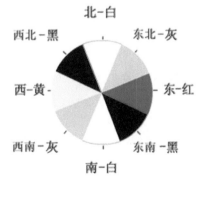

在吉尔体日、吉尔拉格译注的《恭请护法神鹰经》中，笔者读到了与拉都毕摩色彩图示部分吻合的相近描述："神毕呼唤东方三域神，东方三域父辈神魂起。东方白神骑白马，身着白色衣，白神驾白牛，手持白弓箭者已启程。神毕呼唤西方三域神，西方三域母辈神魂起。西方黄神骑黄马，身着黄色衣，黄神驾黄牛，手持黄弓箭者已启程。神毕呼唤东北西南神，东北西南灰神骑灰马，灰神着灰衣，灰神驾灰牛，手持灰弓箭者已启程。神毕呼唤东南西北神，东南西北黑神骑黑马，黑神着黑衣，黑神驾黑牛，手持黑弓箭者已启程。神毕呼唤北方三域神，北方兄姐神魂起。北方亡姐青发如黑浪，发辫粗又黑……神毕呼唤南方三域神，南方弟妹神魂起。南方亡妹发夹白生生……童裙红艳艳……"。[7]

[7]《毕摩文化》，中国彝族毕摩文化研究中心编印，2009 年，第 1 页。

据拉都毕摩介绍，占卜时，男性是从南方开始按顺时针方向的，女性是从北方开始按逆时针方向。毕摩要依据男女生辰八卦判定生克、吉凶，按照男女相遇时的位置方向决定占卜时使用什么色彩的祭牲。拉都毕摩的色彩图示既不同于神话中的四方色，也不同于五行的五方色，它是一个看似独立的色彩体系。虽然我们还不能确切地得知毕摩所用色彩体系内在的象征含义，也不能确定其在某一历史时期与五行文化发生了怎样的联系，但是从其色彩所拥有的涵盖性、方向性等特点看，毕摩色彩体系与中原文化同源这一点是毫无疑问的。在俄也拉都毕摩那里，其用色模式中色彩指代的象征依据未能得到完全清晰的解答，一部分原因是语言障碍给交流和研究带来诸多的困难和不便，另一部分原因是毕摩的传承具有家传口述的特点，一些疑问在毕摩那里也难以获得满意的答复，然而在俄也拉都毕摩的色彩图示中，黑、赤、黄的色彩却明晰可见，笔者心中存有的缺憾只有留在今后再做具体深入的专题探讨，其具体的象征寓意还有待做专门的研究破译。

二、剪纸色彩

毕摩创造的色彩神话还表现在剪纸和经书插画等艺术形式中。

《大定县志》有"……子妇之送妇翁丧也，牵牛负酒，率步骑数十人，各执长竿，竿上悬白纸若旗"的描述。

在招魂法式中，毕摩用白色纸剪出各种死者生前熟悉的事物和日常生活用品的图样，如太阳、月亮、星星、云彩、水波、梳子、牛、羊、鸡、猪、绵羊角、猪蹄、鸡冠等，此外还有魂归祖路、活魂返回路等等，意为让祖妣亡灵带着这些用品沿着亡魂归祖之路回归祖界，安居乐业。

举行超度送灵活动时使用的剪纸，色彩为白色，少有其它色纸。白色的选择有其特殊的色彩象征意义。白色是给生者和神灵的，它具有除秽的功能（图38）。在毕摩法事中可以看见用羊、鸡、狗、猪等白色的牺牲物祭祖祭灵；由毕摩主持的仪式中引领生者的魂灵回归；通向神祖生活地方的道路是"白路"。

图38
招魂剪纸、
（美姑彝族毕摩文化研究中心藏）

丧葬仪式时，毕摩诵念的《悼歌》中唱道："有白路黄路黑路两双四条，莫要走黑路，这有急性慢性病症；莫要走黄路，这也有轻重虐症。"这里的黑和黄，并不具贬义，而是特指引领死者或是鬼魂走的路。"你父走白路，你母走白路，白路坦荡荡，不走没理由。""到阿于水井（在美姑），有白水、黄水、黑水三股泉，莫要喝黑水，喝了黑水要发急症；莫要喝黄水，喝了黄水要发疾症；上面白水白生生，你父喝了去，你母喝了去……呵，归天路。""你去到白鸡鸣叫处，到白牛噢叫处，到白狗吠叫处，我们这对小伙子，引是引送你，跟是不跟你。""白鸡黑鸡一同摇，黑鸡给死的，白鸡招活魂；白旗黑旗一同摇，黑旗给死的，白旗捏手中，一对青年要回转，悼歌，归天路。"在这里，白色是引领死者的灵魂走向光明和新生的象征，是神佑的色彩，或等同于西方的上帝之色。

三、经书插画色彩

凉山彝族毕摩经书中的插画多见于《防癫经》《防同食经》等经书的书面和扉页。另一种绘画形式是绘在招魂、咒鬼仪式中所使用的被称作"略茨斯撒"的鬼板上。鬼板正面画各类鬼的形象，背面附书咒语经文。毕摩将用草扎编成各种怪灵的草偶造型，用艳丽色彩的布条加以装扮。仪式后，要将鬼板连同草偶送到通往鬼山"德布洛莫"的山道旁，意将鬼怪驱逐送回鬼城。巴莫曲布嫫给经书插画起了一个好听的名字，叫"神图"（图39）。"神图"所绘内容多为自然神灵、神枝，导致各类疾病的鬼怪禽兽，以及祛除疾病的过程等。

"美丽的凤凰，招你前来为我防麻风，为我防疾病。美丽的凤凰，居于孜孜俄乍山，立于成都城内大厦间，饮

用大海水，招你前来为我防蛇且吞蛙。"（图40-1）

"支格阿龙氏，左眼生如日，日形辉灿灿，右眼生如月，月形亮堂堂。"（图40-2）

在滇、黔等彝族地区的毕摩经书插画中可以看到黑、红、黄、紫、蓝、绿等较丰富的色彩特征。与滇、黔等彝族地区的毕摩经书插画相比，凉山彝族的毕摩绘画无论从造型和色彩上都表现出强烈的稚拙、古朴、粗犷的原始风格，在色彩上拥有独特的黑色特征，造型语言更显抽象和几何化。

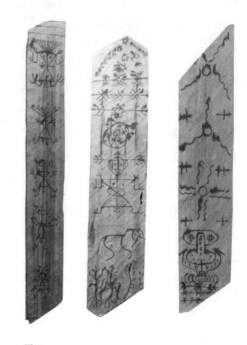

图39
鬼板

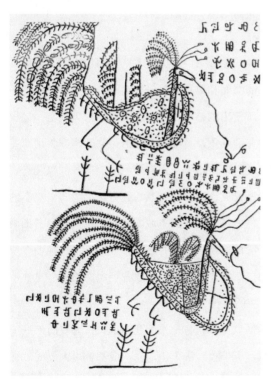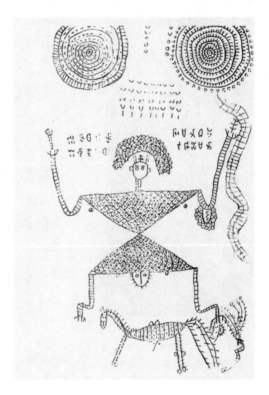

图40-1，图40-2
古朴、粗犷的凉山彝族毕摩经书插画

凉山彝族的"神图"（图41）是以锅烟与牺牲物的血相调成墨色绘制的，所以事实上，应该是黑与赤的组合特征。据记载，最早期的经书抄撰和绘画是以墨石、红土当墨，以松尖作笔，绘制于羊皮、丝绸、布帛、土纸上，后来发展为用燕毛作笔，画于木叶之上。颜料选矿石土、锅烟灰、赤土等各色矿石粉与动物血、猪胆汁相混合调制。画笔用竹签、棕榈叶柄、草茎，以及鸡、鸟、羊等动物的翅毛制成。近代的工具颜料仍有原始的保留，但已多由毛笔、墨汁所替代。笔者眼见，毕摩在工具使用上并不刻意遵守传统，现代便捷的麦克笔和钢笔水使用起来显然更为方便。笔者认为从文化宗教的意义上理解，工具、材料、颜料甚至制作程序都是宗教仪式的完整组成部分，表现在色彩及形态的特征上，是一种精神的寄予与传承。

在美姑的阿牛老师那里，笔者见到了一幅由已故多年的索莫阿普毕摩画的插画，那是被称作"叭哈阿支"的神蟒（图42），讲述其降服蛇形"初鬼""斯戈阿支"的故事，神蟒体态矫健，赤色的背脊随动感的曲线舞跃闪动。此画在凉山彝族毕摩经书插画的单一墨色特征上，添加和突出了红色，在以往见到的凉山毕摩插画中，这样的色彩特征并不多见。这与巴莫曲布嫫在《神图与鬼板——凉山彝族祝咒文学与宗教绘画考察》中的一张同是索莫阿普毕摩画的神蟒图极其相近，但从细节观察，并非同一张。

原始宗教意识是人类对神秘事物和精神世界的灵性解释，其色彩象征的丰富联想和想象，促进了象征思维的发展、运用和形象表达，同样也使宗教的精神世界更加生动和物态化。

图 41
毕摩用于绘制经书的工具
（凉山奴隶社会博物馆藏）

图 42
索莫阿普毕摩绘制的神蟒"叭哈阿支"

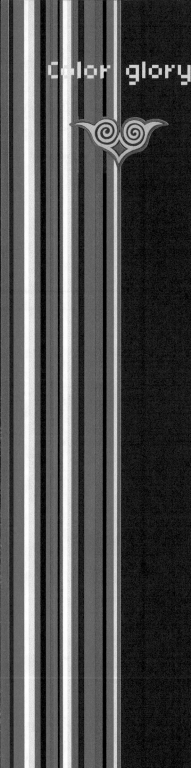

第二章

凉山彝族尚色解说

第一节 尚黑寻缘

——≡ 彝族曾经在相当长的一段历史时期存在着"尚黑"习俗。在服饰着装上，彝族自战国汉晋时期就有了"雕髻"、"编发"、穿披毡的特色。《蛮书》记载："邛都、台登中间皆乌蛮也。妇人以黑缯为衣，其长曳地。"（注：邛都台登，古地名，在现在西昌一带。）又有"东有白蛮，其丈夫妇人，以白缯为衣，下不过膝"。清《东川府志》："爨人，楚将庄蹻遗种。在西汉为南夷，为靡莫、为夜郎。在蜀汉为南蛮。自晋至隋为东爨，自唐至元为乌蛮，为罗罗斯蛮，明人乎之倮倮。其初名夜郎。夜，黑也。其后为乌蛮，乌，亦黑也。其酋有名大鬼主，鬼，亦黑也。元为黑罗罗，则补凉山皆爨人。" 彝族社会中已形成"黑白"之别，即所谓"罗罗有白黑之异，黑者为贵，而白者为贱"。直至民国，仍有以黑彝为贵族，以白彝为平民，血统混杂不纯者谓之花骨头、黄骨头的观念盛行。至今凉山彝族自称"诺苏"，乌蒙、哀牢山的彝族自称"纳苏""聂苏"，皆意为"黑人"，由此称彝族为尚黑民族。

服饰色彩具有用以区分黑彝、白彝阶级地位的标识功能。黑色更是被赋予了尊贵和权力的象征。现今凉山彝族所保持的传统服饰多以自染黑布为底料，服装多以黑为地，镶以花边，从服饰色彩特征上仍能寻见鲜明的尚黑遗风。《山海经·海外北经》曰："有青兽焉，壮如虎，名曰罗罗。"凉山彝族自称"勒摩"，即母虎。哀牢山的彝族自称"罗罗"

或"罗"。 明代文献《虎荟》称："罗罗。云南蛮人，呼虎为罗罗，老则化为虎。"刘尧汉为《宇宙源流论》作序称："所说的'罗罗——云南蛮人'，包括今四川凉山彝族。……清顾祖禹《读史方舆纪要·建昌边图》内把今凉山彝族自治州首府西昌（建昌）的彝族写成'罗蛮（即罗罗蛮的简称）'，凉山彝族曾自称'罗罗'。'罗罗'各家皆供奉的祖师画像被称之为'涅罗摩'，意为母虎祖灵、母虎祖先，又被称为地母。以此人迹出于雷泽，华胥履之，有娠，生伏羲于成纪，蛇身人首。"《史记·五帝本纪》："炎帝（神农）尚赤，游华阳，有神龙首，感生炎帝，人身牛首，长于姜水，有圣德，以火为王，故号炎帝"；黄帝尚黄，"有土德之瑞"；少昊尚白，按古羌、狄石崇拜习俗，石色为白；黑帝（颛顼）尚黑。《诗含神雾》谓其母"是为河女，所谓淖子也。淖子感瑶光而于幽防，而生颛顼"。《拾遗记》："昌意出河滨，遇黑龙负玄玉图，时有一老叟，谓昌意云：'生子必协水得而王。'至十年，颛顼生，有文如龙，亦有玉图之象。"《尚书·益稷》记载："天皇氏尚青，地皇氏尚赤，皇帝尚黄，金天氏尚白，高阳氏尚黑。"刘尧汉在《彝族文化放言》中这样总结这段历史：黄帝生二子，青阳与昌意都定都于此地，昌意生高阳，高阳是楚人之祖，楚国拥有整个长江流域，楚后裔庄蹻战国时曾为滇王。[8]

夏是中国古代第一个部落国家，夏尚黑是依照齐人邹衍倡导的"五德始终说"而定。"五德始终说"依据金、木、土、水、火解释出金克木、木克土、土克水、水克火、火克金的战胜关系，以此推断国家的命运。以五运对五德，一时间成为国家改朝换代的尚色指导思想。邹衍"五德始终说"盛行至王莽颠覆汉朝时被刘向主张的"相生"理论所替代，即木生火、火生土、土生金、金生水、水生木的始终规律。有研究认为夏沿袭了颛顼部族尚黑的习风。按照彭德在《中华五色》中的分析，"太阳属火，而商朝的天命是金，避免火克金的方法可以用月水制约日火"[9]。也有一派说商属水德，尚黑，以黑色燕子为象征。相传简狄吞下燕

[8] 刘尧汉《彝族文化放言》，武汉：湖北教育出版社，2007年。

[9] 彭德：《中华五色》江苏美术出版社，2008年，第55页。

卵产子，名契，是商王朝的始祖，人称玄王。事实上，对于夏商周三朝尚色有着各派纷争，较有影响的是商周盛行的三统三色与五德相对应。"三统"又名"三正"，指黑统、白统、赤统，是西汉学者对夏商周三代历法的简称，解释为：夏朝的官历以正月为一年的开始，称为人统，尚黑，又名黑统；商朝的官历以夏历十二月为正月，称为地统，尚白，又名白统；周朝的官历以夏历十一月为正月，称为天统，尚赤，又名赤统。

《淮南子·齐俗训》："夏后氏，其服尚青。"《礼记·檀弓》记载："夏后氏尚黑，大事敛用昏，戎事乘骊，牲用玄。"在夏朝，祭祀的太庙叫玄堂，黑色的羊用于祭祀叫夏羊。选择不同色彩祭牲，是彝族毕摩文化的一大特色。彝（夷）与夏的历史渊源之说铸就了"多元一体"文化特征的形成。

《礼记·檀弓上》："殷人尚白，大事敛用日中，牲用白。"据考古记载，商时人们祭祀时择牲就有细致的色彩选择。各种颜色的祭牲在殷墟卜辞中有记载，有黄牛、白牛、白牡、黑牡、幽（青黑）牛、玄豭（公猪）牛、勿（杂）牛、白豕、黑豕、黄豕、白马、骊（赤黑）马、赤马、白羊、黄羊、黑羊、白彘（猪）、白狐、白鹿、白麋、白兕（雌犀牛）、䵣（粘土，赤红色）兕等。色彩用于祭祀有史可依。商人祭祀时要专门对祭牲的颜色进行占卜，以决定哪种颜色的牺牲更适合哪种特定的场合。据记载，求雨祭方时焚烧黄色的动物，应该与祭月阴事有关。在商人的祭祀系统里，不同的色彩有不同的象征意义，这种原始祭祀的色彩表现在凉山彝族的毕摩主持的宗教仪式中，以动态文化的形式得以保持和延续。

第二节　尚火文化

尚火文化作为最原始的自然崇拜普遍存在。旧石器晚期，人工取火的发明将人类与动物界区分开来。谢肇淛的《滇略》记载：彝族自古"以火色占农，一曰焚虫，一曰逐疫"。

高原山地特殊的寒冷气候使得凉山彝族与火结下不解之缘。彝族先民在长期与自然的抗衡生存中认识到火能取暖、照明、烹煮食物、烧荒堆肥、驱逐野兽。火给人类带来益处的同时，也具有毁灭性的威力。原始人类对未知的自然力所产生的恐惧和敬畏使他们把太阳视为物质世界的原动力神加以崇拜。崇尚火的习俗在凉山彝族有着多处的体现。在彝族传统的宗教仪式中，都要由毕摩主持与火相关的仪式。彝族最重要的两个节年 "火把节"（图43）和"彝年"均以对火的祭拜仪式为主题。彝年时，一早要烧起火，请祖先，让祖神看到家里的人并保佑他们；彝年第3天以火送祖先，叫送年。帮助族人寻归祖界的古老的火葬习俗至今保持；彝家吡吡燃烧的火塘常年不熄；与火相关的纹样穿插在各色艺术形式中；彝族原始宗教活动开始前都要在门外院坝上点燃一堆火，凉山彝语叫"木古此"；孩子跌倒或受到惊吓，要在发生的地方点一堆火，敬请火

图43
火把节点燃松木火把

神降妖招魂。段注《说文》中说"炎炎，热气也"，成人礼等仪式上，有一种叫"淬火"的仪式，即通过火的燃烧将水加热再泼洒在石头上冷却产生气的过程，实现驱秽去垢的愿望。

在中国文化中赤色的象征解释与太阳崇拜息息相关。赤色有阴阳双重属性，在凉山彝族古老的色彩象征观中，赤色为阴性，象征地、母；后来成为阳色，象征天、父、日、火。

在五行文化中，赤色对应五行之火，五方之南，五辰之夏，五藏为心，五味之苦，五情之喜，五谷之黍，四灵之朱雀。

《阿细先机》中有"东边的红云"和"西边的黑云"的描述。其展现的彝族"四方色"中，赤、黑为东、西指向。与五色相比较，赤与黑方向的指示不同，但赤、黑的配对形式没有改变。

凉山彝族四方色中，东赤、西黑，应该与太阳的升落相关。在彝族"八方之年"的纪年名称中，东方称"布多"，"布"为"太阳"，"多"为"出"，"布多"即"日出"之意；西方"布借"，"借"为"落"，"布借"即"日落"之意。 "四方色"中的东赤、西黑，有了更加贴近于日出日落的注解。

《勒俄特依》在"雪源史"一节中描述："远古的时候，上方灵牌落，落在方杰列山，变成火在燃烧，九天燃到黑，九夜燃到亮，昼夜烟冲天，夜燃光万丈，天空这样红，大地这样红，火是祖先神，火是祖先灵。"（图《方杰列火焰山》）

《勒俄特依》等史诗，描述了支格阿龙射下六个太阳和七个月亮的故事，表达了人类幻想能拥有战胜自然的能力和对拥有这种神力的向往。（图44）赤色是生命的能源，自

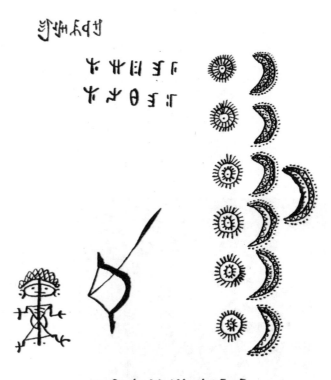

图 44

凉山彝族美姑毕摩绘画"白天出六日，夜晚出七日，支格阿龙日射月图"

然属性给予了赤色除火和太阳之外血的联想。《勒俄特依》中又有："红雪降大地，下雨做成了血。"其阐述的正是先民们由太阳到火再到血的联想过程。

朱文旭在《彝族火把节》中转载《爨文丛刻·人生论》描述的彝族尚火文化特征："人生肾先生，肾属水而黑，壬与癸来抚。水来将木润，肝属木而青，甲与乙来抚。木上能生火，心属火而红，丙与丁来抚。火来就生土，脾属土而黄，戊与巳来抚。金木水火土，抚人命端正，五行顺乃福。抚人命完整，生时见火避，死时需火化。使用六铁斧，砍伐了阴木，向火山送去。银花做垫褥，柴火架九层，谷莫铺九层。米呢蒙七层，柴薪堆整齐，白脚亮晶晶。面容金晃晃，往火山而去，登时不要怕。鄂的斋威高，莫的斋荣大，点起熊熊火。你不要惧怕，披羊皮白毡，白毡燃红了。肌肉也燃红，骨内都红了。头面映山红。火山架不偏，焚场鸦不叫，死者升天去。"[10]

彝族祖先发源地。也是属火的方位。有"人发勇于南（牟鸟），人魂归于南"的说法。死者头须朝向南。

彝族人生时不离火，死时亦不离火。凉山彝族人死后不留尸，不修坟，多以火葬。至今凉山彝族仍不同程度地沿袭着火葬丧俗。凉山彝族认为火能驱除邪恶。人死后，要经过火的净化才能与祖先团聚。火葬久远的历史习俗可以追溯到原始社会末期，如《庄子》所述："羌人死，燔而扬其灰"；《列子》所述："秦之西有仪渠之国者，其亲戚死，聚柴积而焚之，熏则烟上，谓之蹬遐，然后成为如孝子，此上为政，下以为俗，而未足为异也"。

火葬时，按男九、女七、孩五的规定层数堆柴、砌坟，所砌层数均为阳数。焚烧时男面南，女面北，也与阴阳方位相一致。尸体一定要烧尽，焚烧后的骨灰装入罐器，或埋于地下或藏于山洞。彝族人相信人死后经过火的焚烧，灵魂会随烟气上升到另外一个世界，那个世界犹如世外桃源般美好，是祖先的居住处。由此可见，火有烧去污秽，净化灵魂，指引光明的象征意义。如果死后不经过火葬，灵魂就会游荡在尘世间，成为鬼怪，不能安宁，而且会伤害人。

乾隆时期的《贵州通志·地理·风俗》："倮倮……扛尸焚于野，招魂而葬。"毕摩招魂是火葬的一个重要组成部分。麻风病人不施火葬，以土葬代替，原因是担心会把灾病带到祖先圣地。土葬时会采用相对科学的方法挖地三层，有效地阻断了疾病的传播。不满周岁的婴儿因为还未能长成人，也是没有资格实施火葬的。

[10] 朱文旭：《彝族火把节》，成都：四川民族出版社，1999年。

《方杰列火焰山》

远古的时候，

上方灵牌落，

落在方杰列山，

变成火在燃烧，

九天燃到黑，

九夜燃到亮，

昼夜烟冲天，

夜燃光万丈，

天空这样红，

大地这样红，

火是祖先神，

火是祖先灵。

第三节 "三足乌"的联想

———三 《勒俄特依》:"这样以后啊,自从射了日月后,独日躲在阴山下,独月藏在黑暗处,九天不出太阳,九夜不出月亮,宇宙一片黑。母亲坐在屋檐下,昏昏沉沉地坐着,阉鸡在屋檐下,昏昏沉沉地走着,耕牛犁地时,角上插起松枝来照明……巴克阿扎啊,头上束红鬓,红鬓红彤彤;腰间束黄髻,黄髻黄灿灿;脚上缚白髻,白髻白晃晃,坐在云、星、月之后,飘游白云黑云间,差遣白公鸡,呼喊日月出。……日月不肯出,鸡冠刻九叉,日月也不听,鸡冠当契约,九叉九保证,拿了一撮针,赐给病眼日,作为太阳眼。太阳出约定,约定公鸡叫,早上公鸡叫,迎接太阳出;中午公鸡叫,呼唤太阳升;下午公鸡叫,陪送太阳落。日作昼夜界,分出昼夜来;月作日夜界,分出朔望来。白狗应承叫,此后世间才正常。"(图《喊独日独月出》)

图 45
火把节上的斗鸡

凉山彝族认为祖先与鸡同源。鸡,同鸟,同为阳物。雄鸡鸣叫日出,鸡在凉山彝族心目中的至上地位不容置疑。(图45)鸟和鸡的标志形象以及鸡冠纹等纹饰符号在凉山彝族的视觉艺术形态中比比皆是,民族的尚色也与鸡的颜色近同。昭通被彝族视为祖先发源的地方。东晋时期,昭通霍氏墓壁画(图46)有关"拇鸡,蓬首椎髻,标以鸡羽,挽髻如角向前,衣文绣,短不过腹,项垂璎珞饰其胸"的记载证实了鸡(鸟)与彝族的历史渊源。

图 46
昭通霍氏墓壁画局部

图《喊独日独月出》

易谋远在《彝族古宇宙论与历法研究》中提到："东夷中的太昊氏族以日为图腾，东夷中的商族是以玄鸟为标志的始祖氏族逐渐滋生而来的。"[11]

图腾是原始宗教最古老的文化形态。在古代，每一个氏族都会选定一个与他们贴近的自然物，赋予它超强神化能力，并将其作为求助的依靠加以膜拜。据文史记载，"夷"始见于夏，古时众多的夷人集团在夏朝时环渤海分布于东方，在《后汉书》索引《竹书纪年》中被冠以"九夷"之称，以示其声势。被分为海岱、东北和江淮文化区系的夷人均以鸟为图腾的历史。殷帝喾，名夋，又名夒，甲骨文中夋为鸟首形。王慧德在《鸟文化的滥觞》一文中引袁珂先生在《古代神话选集》的研究论证，"夒是鸟和猴两种动物的结合体"[12]。彝族毕摩法扇"切克"（图47）柄端有雌雄鸟，扇面柄条上趴伏着两只猴子，如果夒是鸟猴结合体一说成立，"切克"的形制应与这一段史实相吻合。

在古人看来，鸟可以停落在地面，也可以飞向很高远的天空，因此想象以鸟作为联系人间和天界的媒介。

《尔雅·释鸟·燕燕》将玄鸟解释为神燕，燕子乌黑的羽色引发古人的联想。《诗·商颂·玄鸟》记载："天命玄鸟，降而生商。"商代确有以黑色的燕子为图腾象征的记载。郭沫若曾考证又一说"玄是神玄之意，不当解成黑色"[13]。

自古只要改朝换代，人们都会编造出一些带有吉祥色

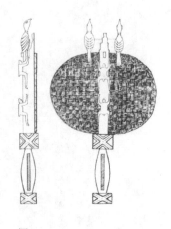

图 47
彝族毕摩法扇 "切克"
（源自《凉山彝族文物图谱》）

[11] 易谋远：
《彝族古宇宙论与历法研究》，
北京：科学出版社，
2006 年，第 100 页。

[12] 王慧德：《鸟文化的滥觞》，
载《昭乌达蒙族师专学报》
（汉文哲学社会科学版），
1990 年第 3 期。

[13]《郭沫若全集·历史编》第一卷，
人民出版社，
1982，第 329 页。

彩的神话，作为未来帝王出现的先兆和贤人入世的象征。根据刘歆父子的"五德相生说"：周尚赤，相传商末周武王伐纣，一团赤色的火焰从天而降，落在王屋上方，变成赤色乌鸦的形状，口里还衔着谷物。占卜学家认为赤乌的出现是帝王不贪天功、重视百姓的印证。赤色乌鸦反复出现了 5 次，结果周武王不战而胜。自此以后，每逢朝政更替便会出现类似的赤乌传说。另有传说赤色火团变成了一只口衔丹书的赤色凤凰。

《春秋元命苞》："日中有三足乌者，阳精，其偻忽也。"

偻，形容脊背弯曲走动的体态。《淮南子·精神训》："日中有踆乌。""踆犹蹲也，谓三足乌。" 踆，形容"三足乌"忽走忽停的样子。

乌为黑色，所以将黑色的东西都泛称乌，如乌衣、乌发、乌鸡等。

1972 年，长沙马王堆 1 号墓出土的 T 形帛画（图 48）是汉丧礼时必备的招魂幡。按汉丧葬习俗，墓主人出殡时，此幡举在灵柩之前，引导魂魄到墓地。入葬时，将幡放在棺上，随之下葬，以此引导死者灵魂升天。帛画所描绘的内容自上而下可分为天上、人间、地下三部分。画面上部天界的右上角有一轮红日，日中有金乌，日下扶桑树中尚有八个太阳，暗合中国古代的十日神话。帛画所展现的一切无论与彝族毕摩招魂仪式还是彝族射日传说，其形制完全同出一脉。

古人始终是将黑与赤联系在一起的。在赤日的色彩映衬下，乌所再现的是与赤日相对立的本色。而当它跳跃出

图 48
马王堆 1 号墓出土的
T 形帛画（局部）

赤日，则变化为赤鸟朱雀，成为太阳、火的化身。又或是因为对比色彩所造成的错视残像，才促使祖先创造出了乌（图49）和朱雀的形式变化。

赤和乌（黑）在凉山彝族四方色中象征东方和西方的日出日落，两者均与太阳相联系。五行中的四灵之一朱雀指南方，也与日、火发生联系。《祭火神》中唱道："生时靠火助，死时靠火化，火种永不绝，火种永不灭，人类永延续，人类永兴旺。"这是凉山彝族对火塘的颂歌。在凉山彝族的家庭里神圣的火塘（图50，图51）常年不熄。凉山彝族文化整体围绕对太阳、火的崇拜，在彝族人的心目中，火是与祖先沟通所必需的神圣仪式的组成部分。火塘在彝族人心目中被视为火

神，彝族人立下了对火塘不可冒犯、不可不敬的行为戒律：不能从火塘上方跨过，不能用脚蹬踏锅庄石。火塘位于居室的中心，也是凉山彝族家庭生活的中心，以火塘为界，上方为贵，是祖先和客人之位，主人及其儿女在下方。

火塘锅庄石的三位石墩除具有支架稳固的实用功能之外，无论从形态和数量的寓意来看都不禁使笔者联想到"三足乌"。凉山彝族以自己独特的形式沿袭着火文化的传统。

在昭觉竹核乡由马海木机引领，笔者看了一个人家里的保存完整的火塘。现今，在有老人的家里还可以看见传统的火塘，当儿女分家单过，组建新家，一般不再特意花费财力新建火塘，多以灶台取代之。木机家便是如此，木机母亲随小儿子一起生活，几次搬迁，家中古老的火塘尚在，但锅庄石已被三块青色方砖所替代。随着老辈人的离去，神圣的火塘不知是否还能得以继续保存。

图49
马王堆1号墓出土的T形帛画的日中金乌

图50，图51
彝家古老的火塘

第四节　彝族神话中用色彩描述的原始宇宙观

━━━ ≡　德国心理学家、哲学家威廉姆·翁特（Wilhelm Wundt，1832—1920）曾说，"对于心理研究来说，艺术的位置介于语言和神话之间"。从大量的彝族史诗中我们可以见到斑斓的色彩描述。史诗中展现的先民对宇宙的色彩认知，阐释了人类思维的进化历程。从史诗中可以大致梳理出日月、天地、四方、五色等四类模式，从中可以洞察凉山彝族古老色彩象征文化的深刻蕴涵。姜澄清在《中国色彩论》一书中转录了《黔西北彝族美术——那史彝文古籍插图》中的一篇《颜色的由来》，其中对色彩的表述畅快淋漓："远古哎出现，哺形成以后，东南西北，四种颜色，做一起出现。天地的东方，出现了青色；天地的南方，出现了红色，天地的西方，出现了白色；天地的北方，出现了黑色。就在这期间，出了举腮则（原文注：哎哺时代的圣人），画华丽的图，绘美丽的景。……用青的颜色，绘耀日的象；用红的颜色，绘皓月的象；用白的颜色，把苍天描绘；用黑的颜色，把大地描绘。相距很远后，舍够沽老人，发明了黄色，从此以后，够斯艺、葛笃诺两人，绘制美的画，恒始楚、投乍姆两人（原文注：恒始楚和投乍姆是恒、投时代最有知识的人），丧场挂那史（原文注：那史，意为图形，是丧场里的挂图），由巧手绘画，用青红颜色，用黑白颜色，用黄色和杂色。这些颜色，生在高山上，长在深谷中，由巧匠开采，五种颜色，再加上墨，天下的美景，全都入了画，牛皮和马皮，用来画那史，绘美好的事物，画历史典故，……画在那史上，把死者安慰"[14]。

流传于黔西北彝族地区的《颜色的由来》大约写成于近代，可以看到，其中中原五色的印记非常明显，同时集中叙述了不同时期古人对天地、日月的色彩印象。诗中有"相距很远后，舍够沽老人，发明了黄色"，虽然没有确定黄色的方位，但是五色已经齐备。诗中不仅记录了与五行色彩相一致的象征指示，甚至还说明了"那史"的基本绘制步骤和调色技法。正如诗中所说，彝族绘画使用的颜材主要来自高山深谷中的矿石，现在称作岩彩。祖先们将岩石磨制成粉末，用牛皮、马皮或猪皮熬成胶，做调和剂，而那些具有高深学问的绘制者恒始楚和投乍姆，就是毕摩。《颜色的由来》中写明，在黄色发明之前，色的结构是单纯的配对形式，两对色的标注是：青对日、红对月、白对天、黑对地。通过更多的文字记载，我们得到了这样的结论，即，两组色彩是可以相互替换的，其根据正如陈久金在《彝族天文史》中所述的"青红二气说"，以及彝族的日为白、月为黑的色彩观念。

史诗中有更多一致的"青红气说"，如彝文珍本《物始纪略》，"很古的时候，天地未形成，混混沌沌的。先产生清气，大风轻轻吹，青赤渐渐分，清气急剧升，浊气往下沉，青气变为天，赤气变为地"。

《颜色的由来》中有："用青的颜色，绘耀日的象；用红的颜色，绘皓月的象。"

《云南彝志》写道："金锁管混沌，不讲嘛不明。要讲从根起，先叙哎与哺。哎哺未现时，只有啥与呃。啥清与呃浊，出现哎与哺。清气青幽幽，浊气红彤彤。清翻黑压压，浊变晴朗朗。哎现出银天，天空雏形成。哺现出金霞，金金地九域广。"

[14] 姜澄清：《中国色彩论》，兰州：甘肃人民美术出版社，2007年，第8页。

出自云南弥勒县西山一带的五言韵史诗《阿细先机》中描述："云彩有两层，云彩有两张，青云飞上去，就变成了天……重云落下来，就变成了地。"

《阿细先机》还描绘了一套彝族特有的色彩体貌。诗中写道："东边有一棵红树，红树上生红枝，红枝上长红叶，红叶中开红花。这个大蜜蜂，到红花顶上盘庄稼……南边有一棵黄树，黄树上生黄枝……雨姑娘拉赫兹骑着龙尾巴。东边有一朵红云，南边有一朵黄云，西边有一朵黑云，北边有一朵白云……红云下红雨，黑云下黑雨，黄云下黄雨，白云下白雨。"诗中所呈现的彝族先民对于四方对应色彩的描述与中原五行中的五色所指有明显的不同。同样的色彩方向指示在"造天地，造人"和"世上的几代人"等章节中重复出现过数次。那么，这种与方向相对应的色彩指征，应该可以被确定下来，作为彝族固定的色彩定式之一。笔者以图做标识，并暂称之为"凉山彝族四方色"（图53）。

一款在凉山地区发现的武士棉战袍（图54），用赤、黄、黑纯毛线小针脚密纳毛毡制成，其坚实厚重的质地足以有效地防御刀剑的攻击。

图54
凉山彝族传统武士战袍

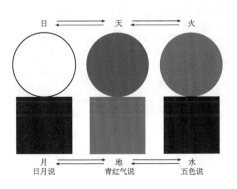

图53
凉山彝族四方色与中原五色的色彩标识比较

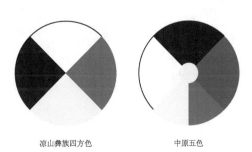

凉山彝族四方色　　　中原五色

《天地的初始》

凉山地区彝族史诗《勒俄特依》中对"仙鸡"巴克阿扎的装束色彩是这样描写的，"巴克阿扎呵，头上束红髻，发髻长又大；腰间裹黄衣，黄衣黄灿灿；脚腿缠白布，白布白晃晃"。鸡是凉山彝族近乎于图腾崇拜的标志物，这一点更加证实了凉山彝族对"四方色"的热爱。

《阿细先机》中唱道："造人的那个时候，是属虎那一年，是属虎那一月，是属虎那一日，是属虎那一时。阿热和阿咪，称八钱白泥，称九钱黄泥，白泥做女人（作者注：指北），黄泥做男人（作者注：指南）。"古称太阳的轨道为黄道，称月亮的轨道为白道。望月时，月亮与太阳的位置正好相对称。冬至是太阳高度最低的时候，也是月亮最亮的时候，白道与黄道相交角只有5°9′。参照天文历法中日月黄道白道的联想，可以确立其日月的象征色彩与"凉山彝族四方色"中，北指水头、阴、女、月、地；

南指水尾、阳、男、日、天。

与滇黔地区相比，凉山地区彝族神话中有关色彩的描述显得更加沉稳、厚重和古老。流行于凉山地区的彝族诗歌《人类起源》中写道，远古的时候，浑黄天迷蒙，浑黄地沉沉。洪水还没（退），大 江水漫漫。什叟未出世之时，太空黑漆漆。

凉山彝族民族长诗《勒俄特依》在"天地演变史"一节中写道："远古的时候，天地没有开，上面没有天，有天不挂星；下面没有地，有地不长草；中间无云雨，四周未形成，有地不刮风；起云不成云，散又散不去，似黑又不黑，似红又不红；天下黑沉沉，地上阴森森。"（图《天地的初始》）"浑黄"、"迷蒙"、"黑漆漆"是凉山彝族先民对混沌未开的初始宇宙色彩的认识。凉山彝族保持并固化了对种种有着特殊含义色彩组合的选择，并给予了特别的钟爱和特殊象征意义的表达。

上文提到的"日月说""青红气说""凉山彝族四方色""中原五色"等色彩图示均源自史诗中彝族先民们对宇宙初始色彩认知的描述，它使我们对于不同时期传统色彩象征的发展变化有了更直观的比较，为更深入地分析和了解彝族色彩象征的文化内涵提供了重要的参照依据。

从流传下来的彝族神话中，我们得出了彝族三类并存的色彩指示观念：第一，近同于五行的色彩体系；第二，与《阿细先基》《勒俄特依》等民族神话及历法相关的，体现彝族自身文化特征的"青红气""四方色"色彩体系；第三，有着相对独立性和神秘性的毕摩使用的色彩体系。

第五节　语义与色彩

　　语言是此次展开凉山彝族色彩文化考察的一大障碍。在凉山做田野，很多时候需要有彝族朋友帮忙做翻译。进入凉山彝族语义内容的分析，更是深感力不从心，希望语言的障碍不会阻止笔者对凉山彝族色彩文化的喜爱和研究。一个民族的色彩词汇和语义可以充分表明该民族对色彩的认知观念和情感态度。色彩语义帮助我们更加全面和客观地分析民族色彩的象征性，也是象征意义重要的组成和参照。鉴于本人在民族语言方面的局限，此章节将重点参照和引用曲木铁西老师在《彝族义诺话研究》"关于彝语义诺话形容词的语义分析"一节里对相关色彩词注释的部分内容。

　　彝语属汉藏语系，藏缅语族，彝语支语言。彝族有25个支系，四川彝族大致分为："什乍"、"阿堵"、"合苏"和"义诺"四个支系。义诺语中的"颜色"一词有样子、颜色、体态的义位。涉及色彩的词汇里包含了较全面的色彩元素的表述。

　　1. 表示单色色相名称的颜色词有：黑色 $a^{33}n\mathfrak{o}^{33}$、白色 $a^{33}t\varepsilon hu^{33}$、红色 $a^{33}\underset{.}{n}i^{33}$、黄色 $a^{33}\mathfrak{s}\mathfrak{J}^{33}$、蓝色 $a^{31}vu^{33}$、蓝色 $a^{35}\mathfrak{s}u^{42}$、绿色 $a^{35}\underset{.}{l}u^{42}$、花色 $a^{33}bu^{33}$、灰色 $a^{33}ho^{33}$ 等9个核心词。其中蓝有两种不同的表示。

　　2. 在语言表达上通常在色彩词的后面加黑或白，来表达色彩深浅明暗的程度。表示明暗的色彩语义有："灰黑"（$ho^{33}\ n\mathfrak{o}^{33}$），表示深灰；"黑花"（$n\mathfrak{o}^{33}\ b\underset{.}{u}^{33}$），表示暗双义位现象。这种交叉呈部分重叠，$a^{31}vu^{35}$ 又可指称"蓝绿"。

形容蓝色的词组非常丰富，这必定是和染蓝技术的普及分不开。$a^{31}vu^{33}$、和 $a^{35}şu^{42}$ 分工明确，$a^{31}vu^{33}$ 表示深一些的"靛蓝"，$a^{35}şu^{42}$ 表示"浅蓝"；$a^{31}vu^{33}$ 与黑 $nɔ^{33}$ 构成"深蓝"；$a^{35}şu^{42}$ 也可以和 $nɔ^{33}$ 结合构成"深蓝"，但两种深蓝有所不同；"浅蓝"$a^{35}şu^{42}$ 和"深蓝"$a^{31}vu^{33}$ 相互结合构成 $şu^{31}vu^{33}$ 是"正蓝"。

在语言表述中，几种主要的包含色彩词的组合，各自含有好、坏两种的不同寓意和象征。主要集中在白、黑、黄三个颜色词上。如：

白色

1. 在日常生活中， $ga^{33}tɕhu^{33}$（路白）是"正路"的意思；$tshɯ^{42}zɔɹ^{33}a^{33}tɕhu^{33}$（感冒白）是"轻感冒"的意思；$hɛ^{31}ma^{35}a^{33}tɕhu^{33}$（好白）是"好心"的意思。

2. 在宗教中，含有白的组合词句具有洁净、吉祥、吉善的寓意。如，$tɕhu^{31}tshɯ^{35}$（白收）表示"洁净仪式"；$a^{33}tɕhu^{33}m^{33}sɿ^{33}$（白死）是"善终"的意思。$ga^{33}tɕhu^{33}li^{33}phu^{42}pho^{33}ga^{33}ŋɯ^{33}$（路白祖先路是）意为"白路即归祖吉祥之路"。

3. 在法制中，白有清白、轻罪、易调解等含义。$zɔ^{35}vi^{33}tɕhu^{33}$（罪白）表示"轻罪"，$su^{33}tɕhu^{33}$（人白）为"旁观者"。

黑色

1. 在日常生活中，意为"大、重"。如，$tshɯ^{42}zɔɹ^{33}a^{33}nɔ^{33}$（感冒黑）意为"重感冒"；$ŋɛ^{31}ŋɛ^{35}nɔ^{33}$（额黑）意为"生气"；$nɔ^{33}zi^{33}$（黑河）意为"大河"。

2. 宗教意义中，$a^{33}nɔ^{33}m^{33}sɿ^{33}$（黑死）为"凶死"；$ga^{33}nɔ^{33}li^{33}ŋo^{35}tshɿ^{42}ga^{33}ŋa^{33}$（黑路魔鬼是路）意为"黑路是魔鬼之路"。

花；"蓝黑"（$şu^{42}nɔ^{33}$），表示深蓝，"绿黑"（$lo^{42}nɔ^{33}$），表示深绿，"黄灰"（$şɿ^{33}ho^{33}$），表示土黄，"蓝白"（$şu^{42}tɕhu^{33}$），表示浅蓝，"蓝蓝"（$şu^{42}vu^{33}$），表示正蓝，"绿白"（$lo^{42}tɕhu^{33}$），表示浅绿等。

3. 纯度指义诺语言中色彩的饱和程度，用形容词作后缀来表示。表示纯度的色彩语义有：漆黑的（$no^{33}tɕi^{33}$），黑油油的（$no^{33}bu^{33}$），黄灿灿的（$şɿ^{33}gɔ^{33}$），蓝莹莹的（$vu^{33}tsu^{33}$），红艳艳的（$ɲi^{33}tşɿ^{33}$），微红（$ɲi^{31}mo^{35}$），微白（$tɕhu^{33}la^{33}$），微黄（$şɿ^{33}pha^{33}$）。

单色颜色词离开"a"而独立运用时，大多数有多义位的现象。如 $nɔ^{33}$ 表黑、偷看；$tɕhu^{33}$ 表白、银；$şɿ^{33}$ 表黄、升、黄金、谋；$ɲi^{33}$ 表红、女儿的等。

$a^{31}vu^{35}$ 有蓝色和绿色交叉

3. 法制意义中，"黑"有"当事人、重罪、难调解"的意义。如，su^{33} $n\mathcal{ɔ}^{33}$（人黑）是主谋、当事人；$\mathcal{z}\mathcal{ɔ}^{35}vi^{33}$ $n\mathcal{ɔ}^{33}$（黑罪）是重罪。

凉山彝族对于黑白意义的定位黑色为冷（阴）、重，吸收光热，白色为热（阳）、轻。这与西方色彩理论的物理性质分析的普遍意义相一致。

黄色

具有"健康、美丽、质硬"的寓意。$kha^{33}\eta o^{33}\mathcal{s}w_\mathrm{\textsubring{1}}^{33}m^{33}ndʐa^{35}dzi^{33}ndʐa^{35}$（脸黄美很美）意为"脸色很美"。

《西南彝志·六祖源流》记载，彝族始祖希姆遮不断繁衍生息，到仲牟由时分成"诺""乍""武""恒""布""默"六支。其中，诺支进入凉山。在奴隶制的凉山，社会以等级划分，分为兹莫、诺合、曲伙、阿加、呷西的等级阶层。其中，兹莫、诺合为统治层。黑彝、白彝的等级差异似乎并没有给黑色以赞美之意，相反语义上词的构成多为"凶恶""重罪""疾病""女人（阴性）""地"等意；白色却具有了"洁净""吉善""无罪""男人（阳性）""天"的褒奖之意。尽管如此，我们还不敢断然否定黑色在凉山彝族心目中的尊尚地位。这其中包含了更为丰富而复杂的辩证性的情感内涵。

诺合一词的词头"诺"字本身是一个具有鲜明的色彩性的词素。凉山彝族自称"诺苏"，"诺"意为"黑"，"苏"为"人"。"诺"除了有"黑"的词义外，还有严重、胆大、主体、承担等意思。词义上的理解与色彩美学上的象征是否存在一致性呢？笔者认为答案基本是肯定的。任何一种文化都不同程度地借用色彩的象征魅力来诠释自己的主题精髓。一旦成功地完成了诠释的过程，也就同时获得了艺术和文化双方面的融通。因此，色彩的象征应属于深层文化的解读。

第六节　图纹与色彩

[15][美]鲁道夫·阿恩海姆:
《艺术与视知觉》,
北京:中国社会科学出版社,
1984年,第455页。

色彩只有依附于具体物象的所指,才会实现更加具体的象征定义。在这之前,色彩是以抽象的概念存在的。色彩与图形本是两种互有区别的概念,那些界定形状的轮廓线可以帮助我们的眼睛识别色彩的存在。图形和色彩为我们的视觉和大脑完成的一个相同的职能是传递表情和信息。鲁道夫·阿恩海姆(Rudolf Arnheim,1904—1994)在《艺术与视知觉》一书中写道:"作为一种通讯工具来说,形状要比色彩有效得多,但是运用色彩得到的表情却又不能通过形状而得到……说到表情作用,色彩却又胜过形状一筹,那落日的余晖以及地中海的碧蓝色彩所传达的表情,恐怕是任何确定的形状也望尘莫及的。"[15]心理学研究已通过实验得出结论:色彩是情感的经验,而形状图形所反映的是更加理智的把控。色彩因为有了美丽的形状而变得更加稳定。阿恩海姆把形状比作富有气魄的男性,把色彩比作富有诱惑力的女性,他将色彩和图形、形状的结合极其恰当地比作"男人和女人的结合对于繁殖人类是必须的一样"。

视觉艺术的产生离不开纯粹的形式和具体的内容。色彩具有抽象性,脱离了具体内容的帮助,来自于色彩本身的联想会充满不定性。唯有赋予色彩具体物象的依托才可推进其更为具体和广泛的联想,实现更具恒定性的象征意义,被更广泛的人群所认同。象征是用一个具体的事物代表一个抽象的意义,按照茨维坦·托多罗夫的理论讲,是

"符号"包括了"象征"，反过来"象征"也诠释了"符号"的概念。更多情况下，色彩与拥有具体含义的图形纹样相互补充、相互说明，从而使各自的表达更为清晰。图纹符号的存在帮助我们为实现更加确定的解说色彩的象征提供依据。

凉山彝族视觉艺术的创作者在纹饰和色彩的选择上，往往根据服饰的色彩决定织绣什么纹饰，或者在纹饰想象的基础上挑选色彩，创作者一般都会选择与纹饰象征意义相近或相同的色彩表达，因此色彩的象征意义与纹饰的内容是相互关联的（图55）。

凉山彝族根深蒂固的阴阳观赋予了图纹符号阴阳属性，他们惯常运用色彩来完善纹饰赋予其更丰富的含义。古老游猎民族尚火文化的痕迹决定了凉山彝族大量选用与火相关的阳性纹饰，如火镰纹、锅庄纹、太阳光束纹、鸡眼、牛眼、鸡冠、公羊角、虫纹、马牙等，通常选择充斥着阳性光辉的红色、黄色绘绣；蕨岌纹、云纹、彩虹纹、星纹、月亮纹、花蕾纹、水波纹等均属阴性，色彩的选择也会相对偏冷偏重。品味纹饰和色彩上的阴阳互补，获得的是视觉和心理的双重调和与和谐。

大自然赋予了凉山彝族艺术创造的灵感。纹饰（图56）取材于山河日月、花草植物、家禽野兽，甚至从日常生产

图55
图纹与色彩

图 56　　梳子纹　　　　猪蹄纹　　　　太阳纹　　　　月亮纹　　　　鸡冠纹　　　　绵羊角纹

生活中细琐的劳动工具、生活用品中选取。

　　太阳的光束用同样为阳性象征的三角形鸡冠纹表现，围绕太阳的鸡冠光束有数的概念，其中包含了对宇宙时空及天文历法的理解。如，12 个角代表月份、属相或时辰；8 个角表示宇宙方位；4 个角表示自然物质的运动方向，如太阳、水，这与中原的季节时空指向不同。

　　一款漆器皮碗上绘有近似鸡眼和彝文"宙"字的纹饰（图 57），赤、黑色彩表达了凉山彝族特殊的阴阳观，同时具备了玄色、二至等多重象征含义，帮助人们体味和理解凉山彝族对天地、日月寄予的深厚情感。

　　鸡眼纹和宇宙形态相同。王天玺在《宇宙源流论》中描述了远古先民对天体宇宙之形的看法，"在任何地方，在任何时间，天空给予人们的形象是一个中间高隆，四边下垂的半球形，这就是天穹。太阳、月亮和星星似乎都是镶嵌在天穹上，都是在天穹上运行……在半球形的天穹下面，是一个圆而平的地面。圆而平的地面的中心，就是观测者自己所立之地。不管观测者立于何处，那里都是天穹的圆心，也是地面的圆心"。这一段文字描写形象地勾勒出相联系的图纹样式"⊙"。

　　公鸡鸣叫日出，尚日、尚火的文化习俗使得凉山彝族对鸡有着特殊的情感。彝文"宙"字的书写与常说的鸡眼纹的形态一致，这里面充斥着对天、地、人、太阳、火的

图 57
"宙"字纹与漆器皮碗

图 58

牛眼纹与银河星图的漩涡形式

多样解释，从而也使得图纹"⊙"的意义变得模糊。关于模糊性，文化史家葛兆光认为，传统的宇宙观模式是建立于天才冥想与直觉经验的基础之上，它所具有的模糊性总能自如地解读一切。这种模糊性使它的整体系统结构具有无比的张力，也使凉山彝族的色彩象征充满了无穷的想象力。

牛眼纹与银河星图的漩涡形式相一致（图58）。智慧的凉山彝族借动物之眼展现宇宙之象，每一种纹饰都诠释和表达着不同含义的符号象征意义，同时也完成了对色彩含义的补充。甘肃省永登县蒋家坪三号墓出土的一款彩陶漩涡瓮（图60），用黑红釉彩纹饰的漩涡纹与凉山彝族的牛眼纹近同。

"原始艺术中即使是简单的几何图形也具有增加感情价值的意义"[16]，这正是原始文化的魅力之所在。色彩与纹饰的构成是古人数千年经验的积累。在形式与内容的表达上，色彩与图纹实现了相得益彰的完美结合。

图 59

吉伍巫且绘制的漆器托盘上绘有牛眼纹（作者藏）

图 60

甘肃省永登县蒋家坪三号墓出土，

马家窑文化马厂类型，

彩陶漩涡瓮（甘肃省博物馆藏）

[16][美] 弗朗兹·博厄斯：《原始艺术》，

金辉译，上海文艺出版社，

1989 年，第 4 页。

第七节　取色自然

彝族服饰的发展经历了漫长的历史过程。传统服饰的材质大多采用动物的毛、皮以及麻、火草等植物纤维，经过"纺专"纺线和"腰机"织布，然后制作成服饰。彝族服饰从最早"夷妇纽叶为衣"的莎草蓑衣，到战国汉晋时期的"魋髻"、"编发"、穿披毡，再到唐宋时期的"土多牛马，无布帛""皆衣牛羊皮"，彝族至今仍以天然矿植物为染料，保持着手工操作的传统印染方法。

凉山的自然植物种类丰茂，矿产充足，为天然色材的获取提供了便利条件，获取途径包括动物、植物、矿物、土壤、烟垢等。

动物色是最为原始的用色选择，人们直接将动物的血液涂抹身体或器物，来完成以巫术为目的的原始宗教仪式。

天然的色质纯正稳重，尤其是加入特殊的调和剂会使原有的色彩更加光鲜、牢固，不易褪色。在彝族漆器绘制中，运用天然矿物颜色与土漆、猪血相调和；毕摩画牌、经书插画的调和剂是锅灰加动物血和动物皮胶。以动物的血液、胆汁或皮胶做调和剂，不仅使行笔更为流畅，还可以使颜色保持更长久的牢固和亮泽。更为重要的是其所传达的宗教含义。

植物染色取自不同的草本或木本植物的花、叶、茎、皮、根，或直接取其汁液，经过腐蚀加工工艺制成色料。植物染色的主要原材有：漆、茜草、红花、蓝、紫草、黄栗、黄连、核桃、枸杞等。陈寿的《三国志》："定筰、台登、卑水三县，去郡三百余里，旧出盐、铁及漆。"凉山彝族自治州的盐源（定筰）、冕宁（台登）、昭觉（卑水）等自古就是著名的漆产地。茜草以根汁染色，红花则是采花制红，都是上好的染红色材。紫草用于染紫，又叫绯色，其色彩的纯度略逊于茜草和红花。南诏（738年—937年）是中国唐朝时代西南部的奴隶制政权，疆域包括今日我国云南全境及贵州、四川、西藏及越南、缅甸的部分土地。南诏由蒙舍诏首领皮罗阁在738年建立，直到937年被段思平所灭，建立大理。南诏是以乌蛮为国王，以白蛮大姓为辅佐。南诏在西南历史上起着重要作用，它是西南地区第一个统一的王朝，也是西南历史上最强大的王朝。793—830年南诏和唐朝结盟，"蛮王和清平官皆衣锦绣"，一定程度地推进了彝族服饰在色彩和形制上的发展。州志文献中相有服饰色彩的记录也逐渐增多，有了红绿色彩镶饰的出现。《开化府志》：

"普剽……男着青白长领短衣……女衣筒裙，遍身挂红绿珠"，"喇俣……女人以五色毛线为衣"，"普岔，男女皆着青白长领短衣，披幅布，缘边如火焰。女衣长绣花筒裙"。

随着植物染色技术的发展，作为青黑色重要染料的蓝靛草被大量种植。汉农耕文化的进入，更加促进了凉山染织技术的进步和种蓝染蓝技术的发展。用发酵法还原的靛蓝，色泽浓艳，牢固度非常好，被大量普及，成了凉山彝族服饰染织的主导色彩。

染黄的黄连有木本、草本，深黄、浅黄之分。将草本黄连根碾磨成粉，或取木本黄连的根块挤压出汁液，可浸染皮货或布匹。做黄色染料的还有枸杞，是茄科木本植物。枸杞树皮分表里两层，里层颜色嫩黄，浸泡制成黄色染汁。核桃皮用于染黑褐色。

凉山主要的矿石色材有：黑铁矿石、赤铁矿石、皂矾（皂）、品绿（绿、碧）、石黄、赭石（赤）、草煤石、石膏（白）。春秋纺织印染的"石染法"结合了更多的矿物色。红色系列的印染，普遍是以赭石和赤铁矿染一般的麻织物。朱砂（硫化汞）的色彩更加纯正浓艳，用于印染贵重织物。除用石黄染黄外，雄黄、雌黄、红光黄等色相都非常丰满纯正，同时具备很好的牢固度。矿物染蓝用石青。绿色用空青又名石绿、孔雀石，或用石青与石黄、藤黄与靛蓝配制。

土壤色的获取更是便利可得，红土、白垩土、黄土、黑土常被用作色彩来涂饰器物、画牌等；现在的石灰代替了传统的漆器制作中的黑土，与土漆调制作底。锅烟是积于锅底、烟道等常年烟熏积存的黑垢，将其研磨，加动物胆汁、皮胶等制成墨色，成为凉山彝族毕摩经书和插画的主要书写和绘画颜料。在喜德采访吉吾巫且有关漆器的制作过程，吾且介绍说：绘制黑色的最好的方法是第一遍用豆汁煮制，腐熟后再加入锅烟打底，能够保持黑色的纯正。

19世纪下半叶，源自西方的化学颜色传入中国，随之普及，其价格远远低于天然色材。正因如此，天然色材更加凸显了它的珍稀和价值。

凉山彝族服饰色彩总体上以大面积的黑、青为主色，红、黄次之，间以绿、紫、灰等色多变化的色彩搭配，实现了视觉感受的丰富性。古人视正色为贵，间色为卑。凉山彝族对于正色之外的间色，没有文字上的准确描述，关于色彩的文字也只有黑、白、赤、蓝、黄、紫等有限的描述。凉山彝族在用色上，以赤、黄、蓝、黑、白纯色为主，色彩的变化程度靠深浅等形容词表示。最初的色彩以黑、白、红、黄、蓝顺序出现。春秋时期已有红、黄、绿、蓝、紫、绀、绯（赤）、缁、缇（橘红）、纁（青红）、緅（青赤）、綦（青黑）等色标。孔疏："正谓青、赤、黄、白、黑五方正色也；不正谓五方间色，绿、红、碧、紫、駵（同骝）黄是也。"间色的汉字多有"纟"，由此可以断定，对于更多丰富色彩相貌的认知是与印染技术的进步分不开的，染色水平的提高，加速了人类对色彩种类的认知。

色彩的使用遵循本土根深的文化观念，加之色材的便利的获取条件，经历了时间的磨砺，以沉积下来的面貌阐释了难以名状的天作之合。

第三章　————　色彩象征的多维

递进模式

第一节　二维阴阳形态

＝＝　凉山彝族对物质世界的认识有着鲜明的阴阳观，俗称公母属性，他们认为只有阴阳相对，才能达到万物兴旺，实现人与自然的和谐共处。有日必有月，有天必有地，有火必有水，阴阳（公母）相对的宇宙生成观决定了凉山彝族固定的阴阳观念。

在凉山阴阳观的体现无处不在，阴阳公母的归属是以大为公、小为母；左为公、右为母；锅、酒等器具的体为母，盖为公；毕摩随身携带的法器签筒，按其长短，分公、母、子三种。签筒分上下两部分，前节谓之"柏公"，取自名山深处的柏木，后节谓之"樱母"，由猎犬也不能到达的名山深处的樱木制成，"柏公""樱母"上下扣合；毕摩使用的神签也分阴阳，顶部削成叉形的为阴签，削成尖形的为阳签。

五行文化中以金、木、水、火、土五种物质对应五个季节，分别是春木、夏火、季夏土、秋金、冬水；存有争议的彝族十月太阳历，用土、铜、水、木、火五种物质来分指一年的十个时段，并分出五对雌雄阴阳。分别是一月土公，二月土母，三月铜公、四月铜母，五月水公、六月水母，七月木公、八月木母，九月火公、十月火母。单月公，双月母，也正好与奇数阳、偶数阴的属性相一致。五对公母在彝语中被称作"特布特莫"，"特"意为"和"，包含了天时、地利、人和；"布"为公，"莫"为母，通俗之

图 61
草帽状星座，
图摘自王天玺：
《宇宙源流论——彝族古代哲学》。

图 62
陕北延安李秀英的剪纸《碗》

图 63
凉山彝族漆器罐

意应为"公母之和"。受五行的影响，土、铜、水、木、火分别与夏、秋、冬、春和季夏对应。然而，或许是因为凉山四季不分明的气候特征，致使五行文化中五色与五时的指示对凉山彝族并没有造成至深的影响。倒是明显的干湿两季气候特征造就了凉山彝族两两相对的"四方色"概念。"五色"和"四方色"中均有两对阴阳，即"五色"中相对的东方青为阳，西方白为阴；南方赤为阳，北方黑为阴；"四方色"中的东方赤为阳，西方黑为阴；南方黄为阳，北方白为阴。

《勒俄特依》"雪源史"一节写道："红雪降大地，下雨做成了血"……"血源十二子，有血的六种，无血的六种"。无血的六种是：漫山遍野的蒿草，旷野上的白杨，山林里的杉树，沼泽边的水筋草，坡坡坎坎上的毕子矮草，树根岩壁边的勒合藤树；有血的六种是：具有极强繁殖力的水泽地里的蛙，峭岩陡壁上的蛇，天空中的神鹰，森林里的黑熊，岩上丛林里的猴和大地上的人。无血的物种为阴性，有血的物种又继续分化阴阳，正可谓是阳中有阴，阴中有阳。

《勒俄特依》写道："有血的六种，蛙是第一种，住在水池边。蛙又分三种，蛙类的长子，成为癞蛤蟆，居在土坑中；蛙类的次子，成为红田鸡，住在沼泽上；蛙类的幺子，成为吉禄蛙，住在屋檐下。"（图《蛙》）

《门咪间扎节》写道："天像一顶篾帽，地像一扇簸箕，两样合起来。"天地、阴阳相合的认知形态在不同民族间普遍存在。（图 61，图 62，图 63）

在中国古代哲学思想中，阴阳作为事物的两个对立面，共同作用，使事物完整。《启蒙·本图书》说："天地之间，一气而已。分而为二，则为阴阳，而五行造化万物始终，无不管于是焉。所谓天者，阳之轻清，而位乎上者也。

《蛙》

有血的六种，
蛙是第一种，
住在水池边。
蛙又分三种，
蛙类的长子，
成为癞蛤蟆，
居在土坑中；
蛙类的次子，
成为红田鸡，
住在沼泽上；
蛙类的幺子，
成为吉禄蛙，
住在屋檐下。

所谓地者，阴之重浊，而位乎下者也。"

《易传》说："乾阳物也，坤阴物也"，"乾道成男，坤道成女"。以清浊二气作为宇宙万物的本源也是彝族宇宙论的根本，由此化生阴阳，生成天地和万物。

"青气上升，红气下降，就产生美丽如花的形体。"《云南彝志》所记录的宇宙形态来源于气，是彝族古代哲学的基本观点，这种观念直接决定了彝族文化的象征用色。

《易经·系辞上》曰："一阴一阳之谓道，继之者善也，成之者性也。"阴阳结构遍布于宇宙生命的整体，创造了色彩与二维阴阳形态的对接。

"古代彝族认为，在宇宙形成之前是'大空空的，大虚虚的''四方黑沉沉的'，是'不见天，不见地'的'无'，但并非无物，它同时也'有'，即有天地之根——'太极元气'。"[17]

太极之气的运动使混沌宇宙划分出天地。于是在"太古的时候，有青气与红气。两气同运行，开天又辟地，产日月和星云"。

《宇宙人文论》中有这样的描述："哎就是乾，哺就是坤。银白色的乾和金黄色的坤又相结合，产生了扎发髻的哎父和戴金勒的哺女，一切白生生、黄珍珍的事物产生了。"[18]天地、日月、男女，鲜明的色彩指向用以色对物为象征。

由此我们可以确定凉山彝族对宇宙形成过程的色彩认知进程，即二维色彩形态初步形成的时间流程和模式。（图64）

哎哺、啥呃，是彝族哲学的特殊概念，可指代混沌宇宙演化过程中的基本元素，如青气、红气，又指清气、浊气。

《云南彝志》写道："金锁管混沌，不讲嘛不明。要讲

图 64
凉山彝族对宇宙形成过程的色彩认知进程

[17] 王天玺：
《宇宙源流论——彝族古代哲学》，
昆明：云南人民出版社，
1999 年，第 20 页。

[18] 马学良审定，
罗国义、陈英翻译：
《宇宙人文论》，北京：民族出版社，
1984 年，第 23 页。

从根起，先叙哎与哺。哎哺未现时，只有啥与呃。啥清与呃浊，出现哎与哺。清气青幽幽，浊气红彤彤。清翻黑压压，浊变晴朗朗。哎现出银天，天空雏形成。哺现出金霞，金地九域广。"

《梅葛》中是这样描述的："格滋天神要造天，格滋天神要造地。他放下九个金果，变成九个儿子。九个儿子中，五个来造天。他放下七个银果，变成七个姑娘。七个姑娘中，四个来造地。……天造小了……地造大了，天盖地呀盖不合。阿文来拉天，阿文来缩地，天拉大，地缩小，天地得以相盖合。"义诺语中，$a^{33}s_{\jmath}^{33}$ 为黄，$s_{\jmath}^{33}$ 是金；$a^{33}tshu^{33}$ 是白，$tshu^{33}$ 既是白也是银。以此可知，凉山彝族对于金和黄、白和银的概念并没有极其严格的界分，有些时候它们所代表的意义是相同的。即黄、金为天，银、白为地，包括水头水尾说，同是天地阴阳的指征。

阳、天（乾、哎）、日、男人、水头、	黄、青、金
阴、地（坤、哺）、月、女人、水尾、	黑、赤、白、银

原始的宗教多以生命繁衍和生存目的为主题，用于招生育魂仪式的《招生育魂》中有："阴水（卵子）和阳水（精液），蓄于湖泊里，湖泊里面取"。在彝语中，精液为"曲依"，意为"银水"；卵子为"史依"，意为"金水"。[19]

《易·乾》："伏羲姓风，女娲姓云"，"云从龙，风从虎"。龙为阴，虎为阳。对于宇宙之源的想象，彝族有"龙虎化生宇宙说"。古彝文长诗《尼苏夺节》写道："很久很久以前，世间没有地，世间没有天。整个宇宙间，天地都不分。距今亿万年，有一条老龙，头有九个围，身长八万拿，……四千年造天，三千年造地，一共七千年，造好了天地。"《梅葛》描述老虎化生万物道："虎头做天头，虎尾做地尾，虎鼻做天鼻，虎耳做天耳。左眼做太阳，右眼做月亮，虎须做阳光，虎牙做星星，虎油做云彩，虎气做雾气。虎心做天心地胆，虎肚做大海，虎血做海水，大肠变大江，小肠变成河，排骨做道路。虎皮做地皮，硬毛变成树，软毛变成草，细毛做秧苗。骨髓变金子，小骨变银子，虎肺变成铜，虎肝变成铁，连贴变成锡，腰子做磨石。大虱子变成牛，小虱子变成羊，头皮变成鸟。" 龙虎化生宇宙的观念是彝族先民以物对物象征思维模式的体现，更多的古老文化里有着相近似的想象。王天玺从自然说明自然的角度以及气生宇宙的科学论说认定，"青红气说"进步于"龙虎生化说"，其进步是人类认知的进步。二维色彩的生化象征模式也是向三维、四维模式进化发展的基础。

[19] 朱文旭《彝族火把节》，成都：四川民族出版社，1999年，第90页。

第二节　三维层形态

—— 凉山彝族色彩象征三维形态所传递的是天、地、人的
和谐，它主要是以层的形态特征体现的。

层的概念，频繁地出现在《勒俄特依》等史诗中。"上
面阿祖神灵时，拿起金钉耙，开阔天地层，开了一层金煌
煌。白天日出来，开了两层更明朗。黑夜月出来，开了三
层亮晶晶。"层的数，多以3、5、7、9等奇数表示，奇数
为阳，与彝族尚火传统相关联。

古代祭祀仪式的规范格局影响了华夏各族群。古人创造
出多变化的层状形态，同时呈现出多样性色彩象征的表述。

"人死有三魂，一守火化场，一魂守灵房，一魂去翁
靡"是凉山彝族的"三魂"信仰。"三界观"是彝族先民对
物质世界最基本的认识观，他们将世界分为祖界、人间和
地下界。三界以白、黄（花）、黑为色彩指征。宇宙初始
的景色是色彩未产生的混沌世界，当两气划分，阳气上升
为天，阴气下降为地，初以白色和黑色相指代，由此形成
涵盖万物的太极黑白。在彝族语义中，黑为重，白为轻，
黄（花）为中，"三界观"也确定了相同的色彩形态。"土
居中央"的五行观点确立于东汉，黄色指代土，是五行之
本。黑、白与地、天相对应，在五行观念中分别指北方水
和西方金。相比较而言，彝族与中原五行的色彩认识有很
多一致性。

刘歆的《三统历》分天统、地统、人统，并标明了天

形式。撒尼人的祭天坛设于山顶，用土石砌成，遍布云南彝区，又叫祭天山、三台山。云南楚雄的《祭天经》唱道："祭天神岭岗，岭岗分三台，最上面一台，就是祭天台。祭天台上面，搭有祭天坛，祭天台圆圆，祭天坛方方。"[20] 三级法坛的结构体现了中国古代天、地、人三才的哲学观。

统为赤、地统为黄、人统为黑。

南诏族裔的云南彝人中，有天、地、水"三官信仰"。彝族过年祭拜"恩替古子"（天神）、"木尔"（地神又称山神）、"木色"（水神）。贵州彝区彝汉碑文《新修千岁衢碑记》和《祭猎神词》中都有对天、地、水"三官"概念的记载。

"道教最初的神仙思想观念来源于氐羌系统民族的火崇拜。火葬习俗流传的地方，也是道教思想观念传说的地方。"道教最通行的"三层坛"结构具有特殊的宗教象征意义，同样也赋予色彩的指示。《灵宝无量度人上经大法》卷三十三："建三天总炁（气）坛，上层法天，中层象人，下层体地。"

西晋陈寿撰《三国志》卷八《张鲁传》注引《典略》中张修五斗米道的教法："请祷之法，书病者姓名。说服罪之意，作三通：其一上之天，著山上；其一埋之地；其一沉之水，谓之三官手书。"三官手书是为五斗米道的请祷方式，也是早期道教最具影响力的祭祀仪式。

"三层坛"和"三宫信仰"没有见到有明确的色彩指示的记载，但依据多元化的色彩指征，基本可以圈定其色彩指代的可能性。（图65）

昆明彝族撒尼支至明代祭天仪式也逐渐发展为"三层坛"

王天玺在《宇宙源流论》中也对彝族传统宇宙观的层形态进行探讨，书中写道："在古人的想象中，高高的天是分

"三界观"　　　"三统历"　　　　　　　"三层坛"　　"三宫信仰"色彩图示

天
人
地

图 65
三元形态色彩图示

[20] 朱文旭：《彝族火把节》，成都：四川民族出版社，1999 年，第 12 页。

层的，厚厚的地也是分层的"。其中涉及"远古时，上生九重天"的具体内容："第一重天出现，由六仙拉金线、揭天幕、定天界；第二重天出现，由神人米特特挂天幕，设八重天门；第三重天出现，由舍武武来架三条云线，设七重天门；第四重天由索谷索来铺设；第五重天由珠米祖来管；第六重天出现，由女念念拉天经，议织地；第七重天出现，'星宿白晃晃'；第八重天出现，'先有九座山，此山的四角观测天'；到了第九重天，'土地即产生，出现片片土'。"[21]

有关"九重天"的遐想在《人类起源》等诗歌中有所演绎："天上大山大川计九座，一座山脚是一条。山头是九个，湖泽有九个，内有四个青绿湖，长着四个大小白杉。栖息九只孔雀鸟，一个山是一个头。山脚是九条，长有九林竹，竹梢栖有九巢雕，山腰栖有九窝豺狼……"

"九重天"宇宙层带结构

[21] 王天玺：《宇宙源流论——彝族古代哲学》，
昆明：云南人民出版社，
1999年，第23页。

的联想，充满了人类对天体神话般色彩的想象。近代科学已证实，太阳系的形态确实存在层次特征，人类根据宇宙的时空特性，将宇宙划分为微观、宏观、宇观三个基本层次。

"九"，为极数，表示无限多。"九"对彝族来说是非常重要的数字，岭光电在《凉山彝族习俗》中讲："将新娘接到家，坐在门前新搭起的竹笆篷内，新娘以盖头布或披毡蒙头。用五尺长的头绳，将头发缠九转，不打结。"又"另剪红、黄、蓝、白、黑、褐、紫、绿、灰等九色布，各剪一指头大，用白线串成串，缠于发辫上。这布串表示运气，新娘会扯来放在包里以后回娘家时投到内屋上方，表示已带回运气"。可以明显看出，"九"表达关联牢固、天长地久的意愿。

在彝语中，"九"，读作 gu^{33}。加以组合的 gu^{33} khɯ^{33} 有结实、牢固的意思。圈羊，要圈九圈，寓意九圈都装不下。在这里，"九"是多的意思。象征的含义与语义紧密相连。

凉山现今留存的古老的火葬仪式中，按男九、女七、孩五的层数堆柴、砌坟。

据朱文旭记录，火把之夜，燃起熊熊的火堆，在燃起的火堆边上，用燃剩下的蒿秆堆砌成类似牲畜的喂盐槽，要用九颗小石子码放在槽型蒿秆上，口中诵唱道："原本家粮食堆成山，牛羊遍山坡，美人、勇士、能人、万物聚我家"。

《勒俄特依》中描写恩体古兹开天地，"九"数反复出现。《勒俄特依》："九天商议到深夜，宰了九条商量牛，九夜商量到天明，喝了九坛商量酒……将那四个铜铁球，制成九把铜铁帚，交给九个仙姑娘，拿去扫天地。把天扫上去，天成蓝茵茵的；把地扫下来，地成红艳艳的。"天王恩体古兹又派阿尔铁匠"制成九把铜铁斧，交给九个青年仙子，随同约祖仙子一道，准备平整地面去"。（图《恩体古兹开天地》）"支格阿龙史"篇中的描述就更加清晰："龙子下传九代，代代都是

《恩体古兹开天地》

女儿；第九代龙女嫁蒲家。"蒲家生三女，只剩下蒲莫列依（支格阿龙的母亲）没有出嫁。蒲莫列依创造了织布机，织出五彩虹绉线。"蒲莫列依啊，要去捉弄鹰，鹰血滴三滴，滴在蒲莫列依身上，滴在神奇处。一滴中头上，发辫穿九层；一滴中腰间，毡衣穿九叠；一滴中腿上，裙褶穿九层。"（图《蒲莫列依》）

通过凉山彝族的服饰、漆绘等艺术形态的表象，可以直接体察到层状意识的表现。在凉山彝族的观念和日常生活中，层的概念无处不在（图66，图67）。

义诺女子头帕和裙式的变化，都包含了由少到多、由简单到丰富的层的形制变化。（图68，图69）色彩也会展现出由单纯到艳丽再到持重，体现了

随着年龄生长的旺衰规律与岁时季节变化相一致的"天人合一"。

按凉山彝族传统的习俗，女孩在17岁要行换裙仪式，也叫"成人礼"，彝语称"沙拉洛"。换裙仪式由一位儿女双全，没有离过婚的妇女用羊毛织成的黑、赤色裙子在姑娘头部或下身大腿处绕上三圈，同时说一些诸如"你穿红裙后，乳房丰满，胖瘦适度。外家支的小伙子会来追求你，生育之神会降附你身，婚后生九子，做事都成功"等等赞美的话，然后要为换童裙的女子分梳双辫。举行仪式的地点一般选择在羊圈旁，其生育繁衍的主题意图非常明确。婚后如不能生育的女子，要重新举行穿红裙的仪式。"沙拉洛"前后裙体色彩的变化，意味着换裙女子告别单纯的少女期进入丰富青春期，此身份变化此证明了凉山彝族色彩象征与文化内涵的一致性。

关于女子裙子色彩变化的记述有多种。有记录换裙前为赤、黑、白三色，已婚后为黑、赤、白，位置上发生了变化；姊妹彝学研究小组的《彝族风俗志》记录，在大小凉山成年仪式后，会由赤、白两色两截的童裙换为上、中、下三层结构的成年百褶裙。笔者在田野考察中看到，现今换裙仪式只在偏远地区保持，市区和大的县镇已很少见到，而且少女裙的颜色也已发生了更多的变化。（图70）

图66
20世纪30年代前后凉山彝族漆器，高脚饭盆漆绘局部

图67
凉山彝族漆器餐桌

图 68

义诺地区美姑式头帕

图 69

凉山彝族女装

（图片由中央民族大学博物馆提供）

图 70

节日里装扮美丽的少女

《蒲莫列依》

蒲莫列依创造了织布机，
织出五彩虹绉线。
"蒲莫列依啊，
要去捉弄鹰，
鹰血滴三滴，
滴在蒲莫列依身上，
滴在神奇处。
一滴中头上，
发辫穿九层；
一滴中腰间，
毡衣穿九层；
一滴中腿上，
裙褶穿九层。"

第三节　四维时空形态

——　三　四维时空形态体现的是空间方向性、时间性、运动性、圜道性的特征。

《淮南子·齐物训》说："古往今来谓之宙，四方上下谓之宇。""彝文宇宙两字写作'○⊙'，读作'吐鲁'，前者被比喻作'无垠的空间'，后者被比喻作'转动的磨盘'。"[22] "宙"字作为纹饰的表现，在"图纹与色彩"一节中已有论述。"宙"之"磨盘"在"宇"的"无垠的空间"里，按着时令的轨道运转，于是包含了完整的时空概念。

易谋远在《彝族古宇宙论和历法研究》中指出，宇宙论，又称宇宙观，是天文学的一个分支学科。彝族古宇宙论作为中国古宇宙论的组成部分，对彝族古代天文、历法的研究具有重要意义。

一、时间与空间

《易·系辞下传》称"宇"为屋檐、屋宇。《注》："宇，屋檐也；宙，栋梁也。"西晋，郭象注："宇者，有四方上下，而四方上下未有穷处。宙者，有古今之长，而古今之长无极。""四方"即东、西、南、北；"上下"即天地。"四方，四时之体"，反映的是殷人朦胧的时间和空间关系意识，道出宇宙时间和空间的概念。时空概念具体反映在特指的空间圜道上季节的时间流动，及人类生理和心

[22] 王天玺：《宇宙源流论——彝族古代哲学》，

昆明：云南人民出版社，1999 年，第 9 页。

理的具体感受，并给这种体察赋予了色彩的象征。

《阿细先机》和《查姆》都有关于天柱的描述：最初天地形成时，天摇地动不稳定，只好"用柱子去抵天"。《阿里西尼摩》写道："用什么撑天，用什么撑地？打了金柱子，撑住东边天；打了铁柱子，撑住西边天；打了铜柱子，撑住南边天；打了银柱子，撑住北边天。天地不摇晃，天地稳当当。"天柱不仅仅是为了撑住天地，更重要的是完成天人的沟通。天柱的梯层形态特征直接反映在彝族普遍装饰图式的构成中，层层梯带结构象征人与神相通的道路和对神灵庇护和祝福的期盼。

西南民族学院收藏的一款凉山彝族漆器盾牌（图71），用图示解释了先民对四方宇宙的理解。画面采用"吐鲁纹（○⊙）"重复构成，将"○⊙"重叠起来置于宇宙的中心，东、西、南、北四个"⊙"为四方栋梁做支天柱，支撑屋宇天庭。四个"⊙"纹中间又补充了8节的内容。在色彩上采用彝族固定的赤、黑、黄三色搭配，黑做底，以赤、黄色鬃饰纹样。特别值得一提的是，黄、赤不同比例调和形成丰富的橙色变化，替代了纯正的黄色，使整体色彩更接近于赤黑两色。由于纹饰四维寓意的补充和赤、黑色彩的象征含义，为单纯的色彩平添了象征和想象，使看似单一的画面变得丰富和立体起来。

《勒俄特依》"开天辟地"篇中有四方仙子，他们是：东方儒子古达生，西方署子尔达生，北方司子低尼生，南方阿俄署布生。在四方宇宙的上方住着天王恩体古兹家。恩体古兹准备开天地。"四根撑天柱，撑在地四方。东边的一面，木武哈达山来撑；西方的一面，木克哈尼山来撑；北方的一面，尼母火萨山来撑；南方的一面，大木低泽山来撑。"中原有四灵对应四方并连带五色，为东方青龙、西方白虎、北方玄武、南方朱雀。《宇宙人文论》中以宇宙

图71

20世纪20年代前后，凉山彝族漆器盾牌，水牛皮制胎

（图片收录于《中国现代美术全集，漆器》）

为中心，哎父、哺母、且子、舍女对应南北东西和夏冬春秋（图72）。对于凉山彝族来说，五行文化的渗透清晰可见，遗憾的是，很难找到与凉山彝族"四方色"相对应的说法。

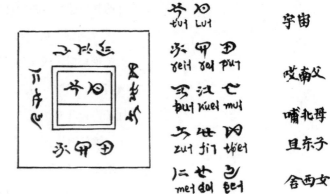

图72
五行福禄源
（图源自《宇宙人文论》）

二、运动与圜道

从现代科学的角度认识宇宙，整个宇宙就是一个圆球的世界。月球绕地球，地球绕太阳，太阳绕银河，银河绕着星系团。微观世界里，分子套原子，原子套核子，核子套质子，整个宇宙具有统一性的圜道特征。

勃尔逊说过："世界万物都是流转的，没有片刻停止。并以移动做万有的法则。"

世界万物流动运转，构成曲而成周的宇宙色环。在彝族传统的宇宙观念中，对宇宙的理解是立体的，王天玺在《宇宙源流论》中罗列了彝族用球体象征宇宙的远古智慧。《尼苏奇节》："最古的时候，天地是圆的，举目看天空，犹如一把伞；俯首看大地，地圆像鸡蛋"；《指路经》："圆圆的天，团团的地"；《西南彝志》："天空高在上，天地乃圆圆"。相对于直线、直角而言，圆是运动的形态。远古神话中混沌世界是一个浑圆的鸡子状的球蛋，这是最古老的对球体形态的认识。天、地、宇宙都是圆圆的，这是彝族对圆的形状的认识。

《查姆》这样写道："天地间的事，地动是第一。万物在动中生，万物在动中演变。不动嘛不生，不动嘛不长。这就是天地的起始，这就是天地的来源。"太极的曲线也是运动的形态。

史诗记载：彝族起于东方，走向西方。东方为夷。凉山彝族有谚语："人死头向东摆，迁徙脚向西行。"人死后尸体头部要向着东方，表示不忘本。又有说法，人死头向南。祖先从南，河流的走向也是自北向南。

将空间和时间概念相融合，确立了对立统一的广义相对论。广义相对论认为：时空的紧密结构构成四维的"时空连续体"，引力的不断作用使时间和空间弯曲，形成"终则有始"的运动循环圈。《吕氏春秋·圜道篇》："日夜一周，圜道也。月躔二十八宿，轸与角属，圜道也。精生四时，一上一下，各与遇，圜道也。""物动则萌，萌而生，生而长，长而大，大而成，成而衰，衰而杀，杀乃藏，圜道也。"日月之象，阴阳往复。"阳之道，始

于温，盛于暑；阴之动，始于清，盛于寒。"四季的温度是渐变的转换。这也是自然规律赋予色彩渐变形态的依据。

云南哀牢山区南涧彝族自治县虎街土主庙有一幅壁画"纪日十二兽图"（图73-1），与其对应的彝文《十二兽碑》，以虎居首，被称为《母虎历书》。彝族先民把太阳天、月亮天和恒星天设想成天球，图中神猛无比的神兽"塔伯"脚踏天球，带动时间的运转。塔伯按逆时针方向转动天球，指对四方。如果与彝族"四方色"对应，象征的色彩应该分别是北方白色、西方黑色、南方黄色、东方赤色；如果与五行"五方色"相对应，分别是北方黑色、西方白色、南方黄、赤色、东方青色。（图73-2）

五行"五方色"中体现的是顺应季节时间的运动变化；"四方色"中，东西太阳出没，南北水头水尾的流动都是万物"动中生，动中变"生长发展过程的体现。"负阴抱阳""曲而成周"构成了万物的生成模式。不论是"五方色"还是"四方色"，其色彩的选择在生理和心理的色彩感知上与自然温度的感知相吻合。

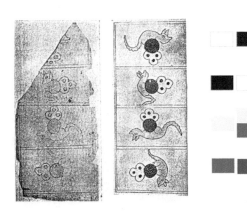

图73-1
"纪日十二兽图"
(图片来源于王永强等主编：《中国少数民族文化史图典》)

图73-2
"纪日十二兽图"色彩图示

三、圜道与色彩

凉山彝族较为普遍的纪日方法是根据月亮圆缺变化周期来纪月，以十二生肖的名称加日、加时间来纪日和纪时。民间纪日的轮换多凭记忆推算。因此关于年首的月次，在凉山就很不一致。如朱文旭在《彝族火把节》中例举了部分地区月次的不同：圣乍地区的喜德、越西部分，甘洛部分，冕宁、昭觉部分，盐源、石棉、九龙、木里、泸定等县以马为首；依诺地区的雷波部分、峨边部分、马边部分县以猴为首；美姑、昭觉部分，甘洛部分，峨边部分，马边部分县以羊为首；所地地区的布拖、普格、金阳、昭觉部分、宁南、西昌、盐源部分等县以鸡为首。以圣乍地区为例，正月称马月，二月称绵羊月，三月称猴月，以此类推。诸多的差异成为凉山在季节时间的色彩定义上无法确定的原因之一。

《吕氏春秋·贵因篇》："审天者查列星而知四时，推历者视月行而定晦朔。"《季春纪·圜道篇》："月躔二十八宿，轸与角属，圜道也。"

古人通过对二十八星宿的认识，利用满月在二十八星宿中的位置，观察太阳、月亮、行星、恒星的运行轨迹，总结出春夏秋冬四季交替的变化规律，创立了古代宇宙天体学。五时的划分，始于历法的建立，或者说天文和历法的确立与阴阳五行学说相伴而生。

五行中，天南地北，火南水北，木东金西，和四方之正位，顺四时之感应。彭德在《中华五色》中引西汉刘歆《三统历》："天统之正，始施于子半，日萌色赤。地统受之于丑初，日肇化而黄，至丑半，日牙化而白。人统受之于寅初，日孽成而黑，至寅半，日生成而青。"可以看出，五色标定的最原始的依据是观日象所定。将天象的色彩与子时、丑时、寅时的时间概念联系在一起。

凉山彝语称四季为"木尼特吉、木沈特吉、木处特吉、木楚特吉",即春、夏、秋、冬。《彝族创世志·艺文志》中有诗文记载:"甲乙木行青,青帝管东方,虎兔来伴随,管七十二天。林木茂以青,春花遍地红。丙丁火行赤,赤帝管南方,蛇与马伴随,管七十二天。林木青幽幽,禾丛花飞谢。庚辛金行白,白帝管西方,猴与鸡伴随,管七十二天。果子成熟落,谷熟得收成。壬癸水行黑,黑帝管北方,猪与鼠伴随,管七十二天。平原和坳地,霜降气候冷;高山地山上,雪飞天日寒;山中的草木,落叶归根了。中央土行黄,黄帝来掌管,狗龙与牛羊,管七十二天,四方相与分。"基本体现出四季和色彩的感应特征与五行相一致。

五色的象征圜道体现了生命的盛衰规律。虽然凉山彝族在时间季节的色彩指征上与五行相近,但是凉山彝族的四方圜道并没有季节性的表现。而且在现实生活中也没有得到充分的运用,盛衰规律只体现在女性服饰随年龄变化色彩发生变化。未成年的少女裙通常是两节素色;换裙仪式后为丰富艳丽的色彩样式;老年服饰的色彩持重,并少有花色的绣饰。

彝族使用的历法基本与夏正相一致。据彝籍记述,先民对历法的初始认识来源于用肉眼察物候观天象,他们展开象征和想象的思维,以石纪月、树纪年、花朵纪日、花瓣纪时。《查姆》:"种棵梭罗树,树生四枝杈,一杈生四叶,四片叶子四枝花""白天黑夜两朵花,轮流开在太空间。白天开花是太阳,夜晚开花是月亮"。(图74)

图74
凉山彝族护腿甲局部,有四方指意的纹饰

"八方之年"是彝族的纪年名称。《宇宙人文论》叙述了"宇宙间的事物陆续产生"后"宇宙八方的变化"——"清、浊二气游离于太空，清升浊降而形成天地，天生地成，日月运行，哎、哺产生又继续繁衍。这时宇宙的四方起了变化，八方又随着形成。""八方"指"哎、哺、且、舍、亨、哈、鲁、朵，这是天生福禄的根本。哎为父，主管南方；哺为母，主管北方；且为子，管东方；舍为女，管西方。宇宙四角起变化，变到东北方，由鲁子来管；变到西南方，由朵女来管；变到东南方，由亨子来管；变到西北方，由哈女来管"。书中注："哎、哺、且、舍、亨、哈、鲁、朵——即彝语'八卦'的概括：哎（乾）、哺（坤）、且（离）、舍（坎）、亨（兑）、哈（艮）、鲁（震）、朵（巽）。"[23] 书中对比了《易经》《西南彝志》《宇宙人文论》中有关"八方之年"的同异。（图 75）

卦名 变化 生成 书名	乾	坤	离	坎	震	巽	艮	兑
	哎	哺	且	舍	鲁	朵	哈	亨
易 经	天	地	火	水	雷	风	山	泽
西南彝志	火	水	木	金	山	土	禾	石
宇宙人文论	火	水	木	金	山	原	金	木

（表二）

卦名 变化 生成 书名	乾	坤	离	坎	震	巽	艮	兑
	哎	哺	且	舍	鲁	朵	哈	亨
易 经	父	母	中女	中男	长男	长女	少男	少女
彝志宇宙人文论	父	母	中男	中女	长男	长女	少女	少男

图 75
《易经》《西南彝志》《宇宙人文论》中有关"八方之年"的同异
（据《宇宙人文论》）

[23] 马学良审定，罗国义、陈英翻译：《宇宙人文论》，北京：民族出版社，1984 年，第 37 页。

凉山彝族称东方 "布多"，"布"为太阳，"多"为出，即"日出"之意；西方"布借"，"借"为落，即"日落"之意；南方称"依姆"，"依"为水，"姆"为尾，即水尾之意；北方称"依乌"，"乌"为头，即"水头"之意。其他方向用龙、羊、狗、牛四个动物命名。易谋远在《彝族史要》中提到"八方之年"的不同看法时指出，在彝族八方是记录方向方位，而不是针对纪年。然而对比彝族所使用的十二月属相，可以得到接近一致的结果。

色彩方位比较图表

（"八方之年"）方向	东	东南(-)	南	西南(-)	西	西北(-)	北	东北(-)
年名（彝称）（汉译）	布多 日出	禄底伏(-) 龙	依姆 水尾	育舌姑 羊	布借 日落	起底伏(-) 狗	依乌 水头	尼舌姑 牛

（阴阳历）十二月属相	虎	兔	龙	蛇	马	羊	猴	鸡	狗	猪	鼠	牛
彝肖属记时制 时段	天亮 5-7	日出 7-9	出牧 9-11	日中 11-13	日斜 13-15	日西转 15-17	日落山口间 17-19	黄昏 19-21	睡觉 21-23	正半夜 23-1	后半夜 1-3	鸡鸣 3-5
彝文《算命书》	木公运	木母运	火公运	火母运	土公运	土母运	铁公运	铁母运	水公运	水母运	水公运	水母运

（太阳历）五季	春		春夏		夏		秋		冬			
（太阳历）五元素	木		火		土		铜（铁）		水			

毕摩俄也拉都的方位色彩	东	东南	南	西南	西	西北	北	东北

毕摩经典里记录了含有"天上"和"地上"之意的"木乌"和"木克"两个方位,与"八方"相加,构成"十方"。据美姑毕摩研究所的嘎哈石者介绍,"木乌"和"木克"在毕摩使用的方位图里被放置在北方和东方之间,更精确地说,是在东北和东之间。

刘尧汉认为彝族的十月太阳历的形成时间大致在伏羲到夏,直至南诏时期被废除,彝族的十月太阳历曾在上古时期被广泛使用。十月太阳历将一年分为十个月,一个月为三十六天。它以十二属相循环纪日,每月三个属相周,一年共三十个属相周,合计三百六十天。剩余的五到六天为过年日不计在月内。尽管十月太阳历存在很多史料论证上的不足,但是已被作为彝族文化的亮点得到广泛宣传认可。

比较神话、历法、占卜中涉及的色彩内容,梳理其中的交汇异同,将有助于剥离出彝族自身色彩象征的存在依据。

四、踏罡步斗的色彩联想

凉山彝族毕摩经典中对于十二月离的记载则相当完整,有彝族特有的二十八豹星(二十八宿),及十个虎星的记载。毕摩将星相学和八卦学结合用于占卜,所传达的传统宗教理念几乎占据了凉山彝族意识形态的主体。八卦有一套自身的色彩系统,彭德在《中华五色》中截取隋萧吉在《五行大义》卷三《论配五色》所述:"(南齐)柳世龙云:'八卦各有其色,震为青、离为赤、兑为白、坎为黑,此皆当为正色;乾为紫、艮为红、巽为绿、坤为黄,此并间色也,坤取未土之正色。'"八卦之色与五色系统不很一致,但也有重合之处。两者属于不同的文化来源。彝族文化中大量的八卦太极内容,以及明确的方向性指示特征,使我们已无法排除中原五行文化观念的印迹。

关于毕摩文化中是否有方向性的色彩指代这一问题，从美姑县俄也拉都毕摩描画的方向色彩图示中，则完全难以识别出与八卦、五行内容相一致的部分。当属独立的色彩体系。（图76）

汉杨雄《法言》："巫步多禹。"传大禹治水，因山川跋涉，伤及脚足，故走路呈跛状，但因治水成功，又因为大禹在治水过程中必定常行巫术礼仪，所以后来行巫者多模仿大禹蹒跚的步态，以显示自己的法力。彝巫的步伐有成规依循。彝巫的执行者毕摩，其巫步所及之处以神枝为示，而神枝图形包含了对玄秘的宇宙方位的理解。神枝随彝巫步态而成图，仿佛千变万化的天文星图。有图必有色彩，色彩的象征自然蕴藏在其中。

在凉山彝族的"撮日"（彝语"撮"为人，"日"为咒），即咒人仪式中，不同形态的枝、权、棍插出代表天地日月星辰的神位，甚至用神枝图象征性地标出一些星座的形状和星数。神枝图"原来就是一幅完整的彝族星图"。

①毕摩的位置；②佑毕的十二神鹰；③用削皮的木签表示白天父；④用不削皮的木签表示黑地母；⑤至⑫分别

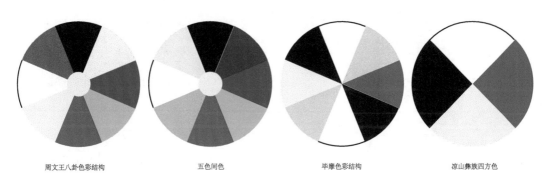

周文王八卦色彩结构　　　　五色间色　　　　毕摩色彩结构　　　　凉山彝族四方色

图76 色彩的方向标识

插出昴六星、北斗七星、昊三年、褪四对、红眼四星、三塔星、四谋臣星、议员三星；⑬至⑮为白、花、黑三排牛道之门；⑯至⑱为白色套牛麻绳、花色套牛铁绳、黑色套牛草绳；⑲魂钵白针白线；⑳至㉒为白色颈枷脚镣、花色颈枷脚镣、黑色颈枷脚镣。（图77）

据现有研究资料论证，彝族是中国少数民族中保留二十八星宿资料最为完整的民族之一。彝族不同地区对于二十八星宿的星名有不同的称谓。易谋远在《彝族古宇宙论和历法研究》中以罗家修《古今彝历考》为基础，集合陈宗祥、邓文宽、王胜利的《凉山彝族天文历法调查报考》和邓文宽、陈宗祥《凉山彝族二十八星宿初探》，对凉山彝族二十八星宿的星名、汉译名、相应的汉星名以及星宿色彩做出综述，它们分别是：1. "它波基"，汉译名"时守星"，是二十八星宿之首，相应的汉族星名指"昴宿六星"，在汉民族的历法中昴宿为首，立春为首，主星为白色；2. "尔举基"，汉译名"尔神过星"，相应的汉族星名指"毕宿八星"，主星黄色；3. "几伍（俄）基"，汉译名"鹦鹉头星"，相应的汉族星名指"觜宿三星"，白色；4. "几洛基"汉译名"鹦鹉手星"，相应的汉族星名指"参宿一、二、三、四"；5. "几居基"，汉译名"鹦腰星"，相应的汉族星名指，"井宿二三四"，白色；6. "几米基"，汉译名"鹦尾星"，相应的汉族星名指

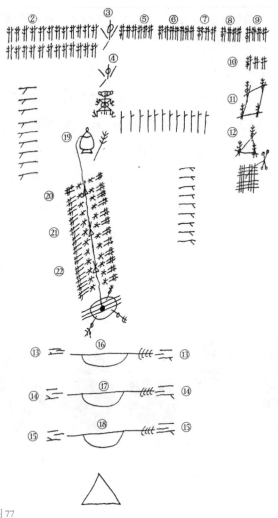

图77
美姑毕摩法式中所插的神枝图示

"南河一、二"，白色；7. "伍奴基"，汉译名黑"鸡星"，相应的汉族星名指"鬼宿一、二、三"，白色；8. "伍黑基"，汉译名"灰褐鸡星"，相应的汉族星名指"柳宿一至五"，白色；9. "瓦斯都基"，汉译名"公神鸡星"，相应的汉族星名指"星宿二、三、四"，白色；10. "瓦斯马基"，汉译名"母鸡鸡星"，相应的汉族星名指"轩辕十四、十五、十六"和"御女星"，白色；11. "瓦杜米硕基"，汉译名"鸡翅齐尾星"，相应的汉族星名指"翼宿一至四"，红色；12. "政楚基"，汉译名"厚露星"，相应的汉族星名指"轸宿四星"及"左辖""右辖"等六星，白色；13. "正波基"，汉译名"薄露星"，相应的汉族星名指"亢宿一至四星"，白色；14. "日合基"，汉译名"豹角

星"，相应的汉族星名指"氐宿四星"，主星白色；15. "日略基"，汉译名"豹眼星"，相应的汉族星名指"房宿四星"，白色；16. "日克基"，汉译名"豹口星"，相应的汉族星名指"心宿二"，红色；17. "日居基"，汉译名"豹腰星"，相应的汉族星名指"尾宿一至四"，主星白色；18. "日海基"，汉译名"豹心星"，相应的汉族星名指"尾宿五"，白色；19. "日米基"，汉译名"豹尾星"，相应的汉族星名指"尾宿六、七、九"，白色；20. "日都基"，汉译名"豹过完星"，相应的汉族星名指"箕宿四星"，白色；21. "博补基"，汉译名"首豪猪星"，相应的汉族星名指"建星六"，白色；22. "拉呷基"，汉译名"牛来星"，相应的汉族星名指"狗国四星"，白色；23. "色都基"，汉译名"公犀牛星"，相应的汉族星名指"女宿一、二、四"，白色；24. "色马基"，汉译名"母犀牛星"，相应的汉族星名指"虚宿一"，白色；25. "色厅基"，汉译名"犀牛碰星"，相应的汉族星名指"垒壁阵"东边四星，白色；26. "牡依基"，汉译名"惠马星"，相应的汉族星名指"壁宿二星"，白色；27. "勒克基"，汉译名"月狗星"，相应的汉族星名指"右更五星"，黄色；28. "它密基"，汉译名"时尾星"，相应的汉族星名指"胃宿三星"，白色。

凉山彝族尚色组合的象征分析

第一节　正色与象征

纯色被定义为最具视觉冲击力和表现力的色彩，所产生的联想也最强烈。夏、商、周是中原五行思想的兴起时期，在此基础上，一套由青、赤、黄、白、黑组成的五色系统构筑成形。以"青、赤、黄、白、黑"为正色，并以"正色为贵，间色为卑"为用色观念（图78）。五方间色分别是：东南为绿色，西南为红色，西北为碧色，东北为紫色。五种正色中的黑和白被认作是一切色彩的根本，它们建立在"两气相交，产生万物"的"阴阳色彩观"思想基础之上。在黑、白的基础上加赤、黄、蓝形成"五色"，并与"五行""五方""五时""五味""五星""五音"等构成气质相联，相互衍生，相克相生的物质连脉关系。

关于色彩方向的排位，古时是以中央天子面南朝政的方向而定，汉朝官方地图都是上南下北，也表示北尊南卑。宋代由于北方辽、金政权的存在，方位被颠倒过来，北宋、南宋和明初的地图均改为上北下南，亦表示北卑南尊。为便于通俗识别，论文中色彩方向的排位均统一按照上北下南的方向而定。

图 78
正色间色

一、关于色质

被称之为正色的五色在色质上有着非常严格的规范标准，并以取相自然为制定标准。《黄帝内经·素问·脉要经微论篇十七》写道："赤欲如白裹朱，不欲如赭；白欲如鹅羽，不欲如盐；青欲如苍璧之泽，不欲如蓝；黄欲如罗裹雄黄，不欲如黄土；黑欲如重漆色，不欲如地苍。"《黄帝内经·素问·五脏生成篇十》有："青如翠羽者生，赤如鸡冠者生，黄如蟹腹者生，白如豕膏者生，黑如乌羽者生。"隋萧吉《五行大义》卷三《论配五色》又有："青如翠羽，黑如乌羽，赤如鸡冠，黄如蟹腹，白如豕膏，此五色为生气见。青如草滋，黑如水苔，黄如枳实，赤如衃血，白如枯骨，此五色为死气见。"中国古人将色与人气统一起来认识，作为中国传统医学中"望闻问切"中以"望"气色作为诊断的重要依据之一，用以标明健康的气血和外在的精气相一致的色彩品相。东汉王逸的《正部论》形容："赤如鸡冠，黄如蒸栗，白如脂肪，黑如淳漆，玉之符也。"古人精选和衡量正色的标准，确定了五色的品质。

（一）赤

赤色光的波长为610—780纳米，目前被认定是人眼可视波长的极限，太阳的质量占整个太阳系质量的99.9%。如此强大的力，迫使太阳系中的所有天体围绕它运转，使赤色成为视觉可视色中最具扩张力的色彩。

古人对于赤色的界定有细致的分类。赤与朱同义，周朝宫廷染色，染三遍为赤，染四遍为朱。周王用朱护膝，诸侯用赤护膝，由此可以区分出朱、赤两色的品质高低。中国自古将赤色作为正红色标准的统称。为此，在本书中也将现代所指的"红"统一称为"赤"。现代通常概念的

"红"实际是指浅一些的赤色。"绯"和"绛"指深一些的赤。

对赤色的使用最早可以追溯到 15 万至 20 万年前的冰河时代,人类用赤铁矿、红土和血液在洞穴或岩壁上留下猎战或是某种仪式的场景;将赤色涂抹在自己的身体、战利品或是实用器皿上。山顶洞遗址、洛阳王湾、青海柳湾、山东西夏侯墓、齐家文化墓地、宝鸡北首岭遗址、江苏大墩子遗址、南京北阴阳营遗址等都发现了赤铁矿粉或是与石英混合的赤色遗留痕迹。古人将赤色的赤铁矿粉末涂抹在尸身上或分撒在尸骨周围,或是直接在尸身附近放置两块赤铁矿石。史学家对此的分析是:人死血枯,赤色象征血液,以示血液的赤色能给死者带来再生的能量。另一种用途是用血色吓退野兽鬼怪,使其不要来侵扰逝者。毫无疑问,在这层意义上,红色与血液、生命和能量联系在了一起。赤铁矿 Fe_2O_3 西文名称 Hematite,本身即来源于希腊文"血"的意思。结晶很好的赤铁矿变种是黑色的,矿物粉末的颜色是赤色。赤色是绝大多数没有结晶形态的土状赤铁矿的颜色。考古发现,仰韶文化时期的瓮棺葬,人骨被涂撒上赤色和黑色。对于黑、赤组合象征性的理解,见"赤黑组合"一节。人类对色彩象征性的理解和创造正是源于自然的启示。

迄今为止被认定为世界最古老的岩画是法国中部的 Chauvet 洞穴岩画,距今 39000 年左右。(图 79)

色彩的象征必须依附于一个象征的载体。作为以血为象征载体的赤色,是人类最早的色彩记忆,出于原始巫术和宗教用途,血色与恐吓、战争、盟誓相关,它可以吓退野兽,震慑敌人,表示自己的强盛,它的炙热温度足以告慰神灵,求得保佑,血色赋予了赤色原始巫术和宗教祭祀的特性。(图 80)

凉山彝族"神图"绘制的每一个步骤都与神性相关。巴莫曲布嫫在《神图与鬼板》一书中描述了毕摩在仪式中绘制"神图"的细节："一是默诵《请神经》，通神告神：上报神灵，说明绘画和仪式的原因、目的，并延请天地、日月、山神、祖神、毕神、神禽、神兽等诸多神灵莅临现场或显灵以助咒法。二是布画书符：毕摩往往直接以自制的

图 79
法国中部的 Chauvet 洞穴岩画被认定为迄今发现的世界上最古老的岩画，距今 39000 年左右

图 80
凉山彝族火把节上的斗牛

竹笔，蘸和着烟墨将符文及所降之神人、神禽、神兽及其所制之鬼物——蛇、蛙等画于纸上，或画于劈砍好的杉木板之正面，将颂神诗句或咒鬼之词书写于上，书写时毕摩要默诵有关的'卡都'即咒词诀语，但不能出声。三是祈神咒鬼：根据仪式目的、程式规范诵念《请神经》《鬼的起源经》及相关的咒经和咒诀，通过诵咒将咒力转至神图或神牌上。四是咒符施用：一作佩符，即将神图折叠起来缝入布袋后随身携带，起护身符作用；一作挂符，即将神牌挂于家户门楣，或作藏符，即将神图收藏在家中，均起镇宅作用，成为防卫符。"神图绘制的各个环节是紧紧相扣，缺少哪一环节似乎神性便不灵验。因为鬼板所具有的诅咒功能，所以在凉山习俗中禁忌触碰置放好的或是拾走放于路边的鬼板。大凉山彝族的毕摩绘画，以竹签为笔，蘸鸡血、锅烟为墨。血色，使"祝咒之术"的神学色彩得以灵验。巴莫曲布嫫在《神图与鬼板——凉山彝族祝咒文学与宗教绘画考察》一书中叙述了一段在勒什毕摩处获赠鬼板的故事，巴莫曲布嫫被勒什毕摩告知：这块大个头的鬼板"没有经过仪式，也不是用牺牲的血画的"，所以"即使带回北京也不会有事儿的"。以此在凉山彝族看来，单一的黑是不能完成祝咒的功利目的的，只有黑与赤的组合才能具备完整的法术神力的象征含义。在祝咒仪式上，血色甚至被直接淋洒在神枝、神座和草偶上，以达到"既可娱神，也可娱鬼；既可役神，也可唬鬼"的双重功效。[24]人们普遍认为远古时代一直以血色传达生命的主题和震慑的威力，但在毕摩色彩象征的特殊体系中，血色带有诱惑的象征含义。黑色则替代赤色，承担起震慑、恐吓和以示强悍的职责，这恰似一种隐形的赤、黑意义的组合。

　　在中原五行系统中，赤是阳之色，对应五行之火，五方之南，五辰之夏，五藏之心，五味之苦，五情之喜，五谷之黍，

[24] 巴莫曲布嫫:《神图与鬼板——凉山彝族祝咒文学与宗教绘画考察》，南宁：广西人民出版，2004 年，第 118 页。

四灵之朱雀。自然属性赋予赤色太阳和火的联想，与太阳崇拜相关，它源于"日至而万物生"的认识，以及古人对太阳助长生命和毁灭生命威力的敬畏心理，代表着生命和能量。

在彝族原始的青红二气说中，赤色被喻为孕育生命的地母之色，应属阴。在彝族四方色中，赤色上升为天，呈日出之象，完成了阴阳属性的蜕变，应属于彝族由母系社会向父系社会演变的映照。

色彩的象征，特别是作为文化定义的象征，应该是具有感性与逻辑思维的一致性。这在中原"五色"和凉山彝族的"四方色"中都得到了印证。

（二）黑

"尚黑"习俗与凉山彝族历史文化紧密相连。凉山彝族自古存在黑彝、白彝的等级制度（见"尚黑寻缘"一节）。黑彝以黑色着装显示身份的尊贵；毕摩着装也以黑色为主，以示职权威望和法术的强大。

彝语中，黑、青、蓝、绿等深暗的色彩都统称为"诺"。对碧绿的庄稼、青绿的山林、渊深的河池、深奥的道理、严重的事件等都以"纳"做描述。

在凉山诺苏语言文字中，黑有高、大、深、重、密集、多的意思。"诺"即黑。德古习惯法中量重刑称其为黑。于是，一些观点将黑与罪恶、邪恶相联系，对此笔者认为有待商榷。黑色应该只限于表"重""深""密集"等程度的意义，而非有"罪恶"的含义，否则，"黑"不会被毕摩所选用，彝族更不会用"纳""诺"表示族称。

黑色是鹰的自然属性色。在凉山彝族宗教信仰里，认为鹰爪可以抓回病人的灵魂。毕摩所用的法笠常坠饰鹰爪，漆器中鹰爪杯为贵族使用，多髹黑漆。一款采集于凉山的漆器鹰爪杯（图81），除鹰爪保持自然的本色外，杯身通体髹黑色漆，杯口饰红边。在鹰爪杯的制作过程中，特别将爪部岔开，指示东南西北，预示八方宇宙的博大和无比的威严和震慑力。

在宗教仪式中黑被限定为给死者的色彩。又特别将黑色用于咒术，以使自身能拥有战胜对方的力量和能力。

在凉山彝族婚礼上，女方家的姑娘们会趁男方前来背新娘的小伙子们不备，用锅灰把他们的脸抹黑，并唱道："为了养大女儿，妈妈脱了九十九层皮，不泼九十九瓢水，不抹九十九把锅灰，哪能让你们背走姑娘。"抹黑和泼水，都有欢乐和祝福的含义。也有民俗研究认为，抹黑习俗是黥面纹身的演化。《后汉书·东夷传·倭》中载"男子皆黥面文身"，这是北部族群进入青春期男女的传统礼俗。黥面的纹饰有动植物、虫蛇、人首、太阳、几何纹等。原始土著居民多在水中活动，传说文身后下水能躲避蛟龙的伤害。文身的作用在于伪装、砥砺、示威和炫耀，是勇敢身份的象征。黥面也是一种装饰美，可以吸引女性的注意和爱慕。抹黑和泼水同时进行，似乎推进了黑与水的联系。《勒俄特依》中记载，支格阿龙是北方黑雕和南方濮女所生。在五行文化中黑是阴之色，对应五行之水，五方为北，五辰为冬，五藏为肾，五味为咸，五情为恐，五谷为豆，四灵为玄武。彝族古籍中记载有族源于水的古代宇宙论，所以可以确定，在凉山彝族心中，黑也一定有与水相关的含义。

黑与赤同是原始人类最早使用的色彩。

（三）青

天然的青色取自于靛蓝，分为两个品种，一是爵床科的马蓝，一是十字花科的菘蓝，经过发酵的方法腐熟，大量用于服饰染色。蓝靛草的大量种植和染蓝技术的发展使青蓝成为凉山彝族服饰的主导色彩。（图 82）

图 81
凉山彝族鹰爪杯
（凉山奴隶社会博物馆藏）

青在五行文化中的青、赤、黄、白、黑中占据一色，是阳之色。在五行中，青是一岁的开始，象征生命的萌发。青色对应五行之木，五方为东，五辰为春，五藏为肝，五味为酸，五情为怒，五谷为麦，四灵为青龙。五行各个属性之间相互贯通，蕴含着古人追求天地和谐的智慧。青色在彝族古老的青红二气说中为清阳之气，上升为天，在四方色中却不见了青色的踪影。其原因或是社会形制的转变；或是尚火文化的冲击；亦或是尚黑情缘所致。在古时，青、苍、蓝的意思近同，一些颜色描述的语义表达方式延续至今，如乌发、青发皆指黑；青天、苍天皆指青。青、绿也常混淆，又常用青、苍、翠来形容草木叶子的颜色。《史记·三王世家》："传曰：'青采出于蓝，而质青于蓝。'"蓝是制作青色的原料。凉山彝族青黑的服饰色彩呈现出色质不同的多样变化，这往往是受染色技术中印染遍数的影响。《考工记》记载了逐次浸染的技艺过程："一入谓之縓（浅红），再入谓之赪（红），三入谓之纁（青红），四入谓之朱，五入谓之緅（青赤），六入谓之玄（黑红），七入谓之缁（深黑）。"《淮南子》："染者先青而后黑则可，先黑而后青则不可。"或许正是由于青、黑在染色过程中的复杂变化造就了古人对青黑概念的混淆之说，如《周易·说卦》《周礼·春宫·今车》等文献中均有以苍代替青的记载。彭德在《中华五色》中称：商朝甲古文中不见周式青字。由此可见，青色确定的时间要略晚。这也与本书第五章第一节中提到的 Brent Berlin 和 Paul Kay 关于基本色名认知排序的说法相一致。

（四）白

白色在五行体系中，对应五行为金，五方为西，五辰为秋，五藏为肺，五味为辛，五情为忧，五谷为稻，四灵为白虎……

图 82
（图片由中央民族大学博物馆提供）

《尔雅·释天》讲："秋之气和，则色白而收藏也。"秋季所反映出的季节盛衰与人的生命生长规律一致。在经历了生命的萌发、生长、繁育、收获之后，生命体将逐渐步入衰弱、萧条和终止，经历了静寂的时间之后，一轮新生命重新萌发。这就是宇宙循环永不休止的生命圜道。白色，以色彩的形式反映了生命从气血衰弱到消失殆尽这一段减少的经历。

许慎在《说文解字》中说："白，西方色也，阴用事，物色白。从入合二，二，阴数。"古人阴事用白，所谓阴事是指祭月、求雨、打仗、吊丧等事。

按照邹衍"五德"说，商朝尚白，以"大白"为国旗，国家朝会、国民婚礼等大事均在白昼进行，礼器多为白陶；周灭商，于是有了武王伐纣"白鱼入舟"的故事。周人将白色用于丧葬以炫灭商之耀。后来发展为凡战败投降、死亡、休战、和平等阴事均用白色的习俗。这或许可以作为在中国丧为"白事"最初由来的传说依据。

白对应西方，人死常说"命归西天"。西是神灵的方位。相近似的是，西方视白色为上帝之色、上帝之光。

《史记·五帝本纪》记载：少昊尚白，按古羌、狄石崇拜习俗，石色为白。凉山彝族很多传统仪式中都有石头出现，亦有白色神石崇拜的记载。彝族有以白石作为神物与祖骨融为一体的传说。

白色又象征圣洁，"圣"为神和圣灵；"洁"为干净。从这一层意义讲，东西方文化对白色的理解并无完全的相悖之处。

岭光电在《凉山彝族习俗》中有"少女裙子白生生"的描述。[25] 按照彝族的观念，白色，应有纯洁、净化、无暇之意。

凉山彝族有着和世界多数地区相近的习俗，人在生命终结之时，要举行净身仪式，使死者脱离尘世，回归祖灵净地。凉山彝族在人死后净身时，要剃去死者鬓角的头发，然后用柑叶洗身，换上新衣，用白布头巾缠头。戴孝者也以白头巾为示。

彝族认为葬礼上衣服样式的颜色如常庄重，才能使后人发达、兴旺。人去世后要用白青绢布盖尸，忌用赤、黄、绿色。凶死者则"尽（禁）用白色，用红色等时，说其魂将变为恶鬼"[26]。

丧、白之事的哀痛情绪使白色常常被误指为凶兆、不祥的象征。这种象征定位应是不准确的。在情感意义的理解中，白色是给死去亲人的色彩，生者一方面哀悼死者，祈求死者亡灵安宁；另一方面，希望死者的灵魂得以回归。仅出于对亡者的哀思，就不可简单地定义白色的意义。凉山彝族认为白色是给生者的色彩，又指给亡者归祖之路的色彩。在引魂仪式中，魂钵中放一方白布，由针线牵出一条白色招魂路；用神枝分别插出白、花、黑色的三排脚镣

栅锁、三座名山和三道闸门。（图 83）

彝族对白色的认识与天、日有关，黑色象征地之母，白色象征天之父。彝族义诺语义中"白"为"轻""洁净""男""天"之意。

在凉山彝族，白色被赋予了洁净、吉祥、吉善的寓意。比如，在凉山彝族义诺语中，"洁净仪式"读作 $tɕhu^{31}$ $tshɿ^{35}$，词的直译组合为"白收"；"善终"读作 $a^{33}tɕhu^{31}$ m^{33} $sɔ^{33}$，词的直译组合为"白死"。$ga^{33}tɕhu^{33}$ li^{33} phu^{42} pho^{33} ga^{33} $ŋɯ^{33}$ 意为"白路即归祖吉祥之路"。在招魂仪式中有白、黄、黑三条路，白路是毕摩指给生者的路。凉山彝族没有再生的观念，人死后回归祖地，和祖先团聚。据吉吾依作讲，"《指路经》中有白狗叫的地方，有白鸡鸣的地方，白色应当是与祖先待的地方有关。彝语'莫姆普姑'，'普'是祖先，'姑'是中间。'师姆格哈'指上天，在彝族宗教里是指祖先生活的地方"。

清朱骏声在《说文通训定声》中引蒋骥论说："白字从日，上象日未出初生微光。"商承祚《"说文"中之古文考》说："甲骨文、金文、钵纹皆从日锐顶，象日始出地面，光闪耀如尖锐，天色已白，故曰白也。"由此断定白色的象征既是阴之色，也与日有关。白色的象征寓意富于辩证的两面性。

彝族视太阳为最高神，火具有圣洁和净化作用，具有公正和权威性的力量。彝族有一种宗教仪式叫"格尼多"。生活中发生灾害等意外或是遇到难以化解的冲突时，都要呼

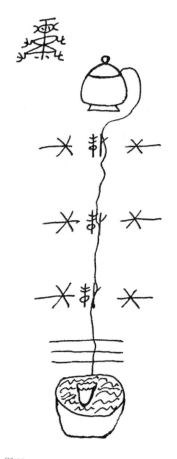

图 83
美姑彝族毕摩引魂神枝

[25] 岭光电：《凉山彝族习俗》，中央民族学院少数民族语言研究所彝族历史文献编译室，第 116 页。

[26] 岭光电：《凉山彝族习俗》，中央民族学院少数民族语言研究所彝族历史文献编译室，第 102 页。

唤太阳神，彝语中"格"为"日"，"尼"为"神"，"多"为"呼唤"。在凉山彝族"喊日神"要请毕摩做"神明裁决"或叫"日神判是非"。毕摩在"喊日神"仪式中使用的祭牲色彩为白色，当事人穿白衣，披白披毡，带上油锅、铧口，到附近的山上"格尼多"，让太阳神判是非。

在祭祖仪式中，用白色牺牲祭祖，在白宅下招待祖妣，叫作"白赎白净"，目的是将祖妣之灵从黑暗中赎出并给以除秽，使其进入白色的光明境界。

对白色的象征认识直接取决于人们对死亡宗教信仰的理解。色彩的象征通常是与生命的主题、宗教信仰密不可分的。基于这样的出发点，我们会重新定义和理解很多表面意义上摇摆不定的色彩词组所表达的象征含义。比如，通常说"红色为热情，黄色为高贵，蓝色为平静，白色为纯洁，黑色为正义"，我们或许可以试图将其中的某对象征相替换，来检验该象征以及相连带的联想是否具有稳定性。事实上，不同的色彩（多指纯色），只有在特定宗教和文化背景的阐述下，才能具有各自独立不同的且不可混淆的象征意义。可以得出这样的结论：色彩象征的稳固性建立于宗教文化背景的支持。

（五）黄

五行文化中黄色对应五行之土，五方为中，五辰为季夏，五藏为脾，五味为甘，五情为思，五谷为稷。"季夏"指7、8两月，仍是太阳活跃的季节；黄色是太阳光照在土地上所生成的温暖的色彩；"土"富旺盛的生命活力，充满对即将收获的祥和与喜悦。

《白虎通义·号篇》中称黄色为"中和之色，自然之性"；《周易·离》称："六五，黄离，元吉。"离卦为太阳的光芒，当阳光呈现黄兆，视为吉祥。《吕氏春秋·应同》："黄帝之时，天先见大蚓大蝼。黄帝曰'土气胜'。

土气胜，故其色尚黄，其事则土。"中华民族以华夏、炎黄子孙自称，其肤色黄，黄色亦代表华夏族人。赤、黄近太阳之色，太阳是皇帝尊位的象征，故"天无二日，国无二君"。于是唐高祖时有"天子常服黄袍，随禁士庶不得服"，黄色一度成为帝王至高无上的权力象征。

许慎在《说文解字》中说："黄，地之色也。从田。茣声，古文光"，"光，明也，从火。在人之上，光明意也"。在凉山彝族的"三界观"里，黄色是指向人间的色彩，是美丽诱人的色彩（图84）。

凉山义诺语比喻阳光时称 $ȿ˥^{33}$ go^{33} go^{33}，是黄灿灿之意，$a^{33}ȿ˥^{33}$ 是黄，$ȿ˥^{33}$ 指贵重的黄金。云南彝族撒尼人中间流传的叙事长诗《阿诗玛》，美丽的女子阿诗玛，"玛"是女，"阿诗"的意思就是黄色。彝族以黄为美丽，因为黄色拥有阳光照耀下的生命气息。

《月波洞中记》卷上："五色，布在面部，吉凶可知。青忧，白哭，黑病，赤灾。惟有黄气独主喜爱。"

凉山彝族长诗《妈妈的女儿》写道："女儿出生的这一天，宰了黄母鸡，磨了黄荞子，籽粒颗颗都饱绽，面粉细细味香甜。祝来日，荞子永远黄澄澄，鸡婆永远黄生生，女儿前程金灿灿。"另一首凉山彝族长诗《我的幺表妹》中写道："表妹周身亮堂堂，像菜花一样金黄。"火把节，要提前饲养好一只黄色母鸡做"火把节鸡"。

凉山所地地区流传的火把节歌《朵洛荷》中唱道："举目望去，山坡平坝，挤满人群，黄伞灿灿，金蘑丛生，漫山遍野，金翠华彩，阳光黄伞，照在脸上，黄粉扑面，分外美丽。"（图《美丽的施色》）

火把节的高潮是"朵乐荷"选美，刚刚换下童裙的少

图84
阳光下耀眼的一抹黄色

女们在一把把绽开的晃眼黄油伞下，美丽而妖娆。（图85）

唐代孙思邈在《千金要方》"房内补益"中有"赤日黄月"之说。张清常在《汉语的颜色词》一书中指出："则中国古代之'黄'与'性'有关。"以此联想，黄色可以用美丽和诱惑做解答。

在彝族观念里作为美丽象征的黄色，在招魂术中用以标指引诱鬼前往的路。

毕摩招魂时，要用黄色祭牲物吸引迷路的灵魂和鬼怪的注意，使他们远离人间，不去为祸人间。孩子庆生也是要选黄色母鸡祭祖，求吉利，保平安。传统的送殡仪式上，悼念仙逝的长者，妇女头发后面系一条黄绸，男子则把黄色绸带系在腰间。

黄色也有负面的意思，因为黄色与病症的色征相吻合，如黄疸、黄水疮、黄褐斑等。彝巫法事中称黄色路是疟疾、霍乱等疾病的路，不能走。

图85
拖木沟火把节的选美少女

《美丽的施色》

第二节　组合与象征

　　三　色彩是外界因素作用于人的感觉器官而形成的一种认知活动。色彩的映象通过生理性的知觉连带产生色彩的联觉，如冷与暖、软与硬、轻与重、动与静等等，以及相关方位、空间、数量、功能、属性等联想。这种由联想思维转换并形成的观念被定义为象征。象征属于心理范畴，象征涉及心理学、逻辑学、语言学、符号学、美学等归于与人类思维相关的诸多学科。"大多数西方语言中的象征一词来自希腊语的 σύμβολο，原义是分成两半后用以辨认持者身份的信物。"[27] "象征 symbole" 一词 在汉语翻译中亦有"符号""标志"之意，有一致的涵盖和概括特征。在《现代汉语词典》里，"象征"一词"指通过某一特定的具体形象以表现与之相似或相近的概念、思想和情感"。

　　《周易·系辞》的"观物取象"和"立象以尽意"，似乎已经诠释了中国传统文化对象征手法的定义。在"彝族神话中用色彩描述的原始宇宙观"中，笔者梳理了源自史诗中彝族先民对宇宙初始色彩认知的"日月说""青红气说""凉山彝族四方色""中原五色"以及专属于毕摩色彩体系的分类，基本涵盖了凉山彝族传统的色彩象征观念。

　　深入凉山彝族色彩与情感联系的研究会发现，凉山彝族不存在对于某一色彩绝对的喜爱或憎恶，他们赋予了色彩情感模糊的双重性表达和阴阳一体的特性，使附属于特定属性的色彩各自履行的功能和作用，在对立的意义中确

[27] [法] 茨维坦·托多罗夫：《象征理论》，王国卿译，
北京：商务印书馆，2005 年。

立彼此间的和谐共处，这种对立与统一的和谐关系既表现在视觉的形式上也存在于文化的象征内涵上。也正是这种兼容性和不确定性，使色彩的象征被赋予了部分科学的基础以及更加广泛的联想空间。

往往一种色彩会有多种象征意义的解释，完全明确又一成不变的象征含义是很少存在的。这多取决于色彩在不同时间和空间的存在条件。将所有信息归总在一起，我们或许会发现隐含在其中的某些共同的联系。

在色彩的视觉印象中，色彩的属性依据色彩配置组合的对比而确定。更为简单地说，色彩的属性以对比为产生条件。色彩的意义也是在对比之中成立的。纯色的黄，我们只能确定它给人以暖的感觉，或肯定它偏向于暖色系，但只有分别和另外两款颜色并置时，才能给予它色彩属性的确定答案。我们暂且用纯色的赤及纯色的蓝作为其配置，针对黄色我们会获得不同的冷暖甚至不同色相的定义属性。用同样的方法，我们还可以获得任一一款色彩明度属性的确定。由此可以看到，色彩的视觉印象在具有常规普遍定义的同时，由于对比条件的变化，会因此呈现性质上的变化。（图86）同样，色彩的象征在组合形式的对比配置中才可能实现更加充分的自圆其说。黑格尔在《美学》第二卷里强调："象征所要使人意识到的不应是它本身那样一个具体的个别事物，而是它所暗示的普遍意义。"黑格尔将形象与意义之间的协调称为"象征的理据性"。象征的定义同样会存在着这样一种可能，即同一款色彩的象征意义会有所不同。同一款色彩象征意义通常会存在因组合对象的不同而产生的影响，发生变化。这种象征意义中的不一致现象被黑格尔称作"象征的暧昧性"。同样，我们还可以用历史发展和思维进化的观点看待这种象征意义的不一致性。博厄斯在《原始艺术》一书中对纹样含义的不一致解释

图86
色彩对比条件

有这样的分析："纹样相同而含义不同的原因不在于写实纹样的逐步几何化，而在于旧的传统纹样不断被赋予新的含义。许多含义至今仍不确定这一事实就可证明这一点。"[28] 色彩含义的不同也出自同样的原因。

相近的色彩，不同的组合，会带来不同的情感和感受。歌德在论及色彩的表现性时认为："赤黄色组合带来温暖和欢乐的感受；赤蓝组合却使我们坐立不安，诱使我们走向一个安静的地方。"[29] 凉山彝族赤蓝、赤黑的不同组合，带给我们的是完全不同的象征含义。

汪亚尘在谈论象征时指出：象征不同于表征，表征是以弧线来代表周围的全体……象征全是由想象做出发点的。……结果的世界，就是感觉上要把灵性扩大，就要依着"想象力"而来。想象生象征，象征是想象之翼。[30]

[28][美] 弗朗兹·博厄斯：《原始艺术》，
金辉译，
上海文艺出版社，1989 年，第 113 页。

[29][美] 鲁道夫·阿恩海姆：《艺术与视知觉》
北京：中国社会科学出版社，1984 年，
第 472 页。

[30] 汪亚尘 (原著)、王振选 (编)：《汪亚尘论艺》，上海书画出版社，2010 年，
第 247 页 -248 页。

第三节 五行思想的渗透与凉山彝族色彩组合的选择

═══ 五行是一个庞大的兼容体系。它尽一切所能包容了五方、五帝、五色、五时、五脏、五气、五音、五金、五味、五星、五谷等几乎全部的物质世界。从寻常百姓到帝王神灵，都受制于这个系统。与五行相关的还有天干、地支以及物质链带的相生相克关系等，构成了微妙的自然本质。从属于五行框架中的五色系统，被试图用色彩标识社会规范以至宇宙规范，是中国古老的哲学体系的重要组成。

有记载称：五色概念最早是由舜帝提出的，时间可追溯到公元前22世纪。夏、商、周倡行的五行思想已经筑建并包容了较完善的五色构架。

五行	木	火	土	金	水
五方	东	南	中	西	北
五辰 （五时）	春 （东风生于春季）	夏 （南风生于夏季）	季夏 （六月）	秋 （西风生于秋季）	冬 （北风生于冬季）
四灵	青龙	朱雀		白虎	玄武（龟蛇）
五色	青	赤	黄	白	黑
五藏	肝	心	脾	肺	肾
五味	酸	苦	甘	辛	咸
情志	怒	喜	思	忧	恐
五畜	鸡 犬《灵枢经·五味》 羊《礼记·月令》	羊 鸡	牛 牛	马（犬）鸡 犬	豕 彘
五谷	麦	黍	稷	稻	豆
五音	角	征	宫	商	羽
五数	三、八	二、七	五、十	四、九	一、六
五星	木星	火星	土星	金星	水星
五气	腥臊	焦枯	香	腥	腐朽
地支	寅卯	巳午	辰戌	申酉	亥子
天干	甲乙	丙丁	戊己	庚辛	壬癸
卦象	震	离	坤、艮	兑	坎
……					

关于彝族与夏商至秦汉时期的历史渊源，在民族学、史学研究中已有论证。韦多安在《凉山彝族文化艺术研究》的"彝族是开发中国西部的先驱"一文中指："夏源自羌戎"，此间统治阶级之间的战争主要是夏和东夷的战争；"商为东夷，与夏不同族系，商先祖少昊部族就是东夷部落"；"周受封于商始祖为羌戎，但周集团中夷人仍占有相当重要的位置"；"晚商时另一支东夷沿着秦岭两侧进入巴蜀崇山峻岭和云贵高原"。

早在2000多年前的秦汉时期，中央王朝在今天凉山彝族自治州的范围内设郡县，凉山地区在汉代被称作越巂郡。汉武帝元光五年，即公元前130年，司马相如出使西南少数民族地区，建议在邛笮（今西昌地区）设置郡县，打开汉朝和西南少数民族之间经济和文化的交融渠道，汉代也正是五行文化的鼎盛时期。

易谋远在《彝族古宇宙论与历法研究》中在并举了诸多史学者的研究论证后做出推论："在中国古代史上，就理所应当地出现了两大系之五帝说，即殷人东夷一系以太昊为首的五帝（神）说和周人西戎民族一系以黄帝为首的五帝说。"[31] 以此，就不难理解彝族和中原相近却有不同的两种色彩象征体系的存在以及其中的渊源关系。

郭沫若说过："羌人、夷人、戎人、狄人、苗人、蛮人正是汉族的前身，历史上所说的华夏，乃是由他们共同融合形成的。" 古语"中国失礼，求之四夷"，意思是中原汉族的某种文化因某种原因消亡丧失，可从少数民族中寻求获得。 1989年，费孝通先生提出了中华民族"多元一体"说。美国人类学家雷德菲尔德在《农民社会与文化》中最先提出大传统与小传统的文化分析模式。张泽洪在《文化传播与仪式象征——中国西南少数民族宗教与道教祭祀仪式比较研究》一书中引用雷德菲尔德的观点："属于大传统

[31] 易谋远:《彝族古宇宙论与历法研究》，北京:
科学出版社，2006年，第95页。

的上层文化向地方流动，逐步地方化；而地方区域文化传统向上层中心流动，则会形成普遍化。"西南少数民族与中原文化长期形成的依赖、互融关系使贯穿于民族地域性文化之中的五色观念构成了多元化和立体化的特征。

五行文化对彝族的渗入是不容置疑的，尤其是对滇、黔等彝族地区的影响至深。云贵地区的彝族在自身民族文化的根基之上，极大程度地接受并融汇了五行文化中五色色彩标识以及季节、方位等更多的内容，使得五色绚烂的五色文化在民族沃土上得以发扬和延续，最大程度地避开了历代政朝动荡所带来的洗劫破坏。相比之下，在凉山，中原五色的影响并没有形成稳固的文化存在。笔者虽然在凉山文化馆和博物馆也看到了关于五行文化的展示，但却发现，在凉山彝族的现实

[32] 韦多安：《凉山彝族文化艺术研究》，成都：
四川民族出版社，2004年，第17页。

生活中，保持了相对独立的民族色彩观，五行文化的痕迹埋藏很深，渗透程度相对较小。

博厄斯在《原始艺术》中把人类意识的存在与环境、生理、心理和社会因素紧密联系，并将其称为人类意识存在的"能动条件"。

包括五行观念的任何一种文化要想在某一块土地上全面地生根开花，需要像母体子宫般提供孕育生命生长所需的生存条件。凉山特殊地域性条件使得来自中原的文化传播，有些内容被认同，也有一些内容随着时间的磨砺自然地被屏蔽在本土文化之外。凉山特有的宗教、历法、艺术等如此，色彩的象征更是如此。

凉山彝族相对独立的文化特征的保持主要有以下原因：1. 历史因素；2. 气候地理环境；3. 经济和文化的开放程度所决定的物质生活条件。

"四川大小凉山腹心地依诺方言区的彝族们拒绝历代的统辖和改土归流。史说：西南夷君长以什数、夜郎最大，夜郎彝语就是依诺。因此大小凉山彝族保持了自己特有的民族文化和传统。"[32]

中原五行文化中的五色应用在服饰、在季节着装上的规定。如《周礼》云："孟春之月，天子衣青衣；孟夏之月，天子衣朱衣；季夏之月，天子衣黄衣；孟秋之月，天子衣白衣；孟冬之月，天子衣黑衣。"在凉山彝族，只有妇女服饰色彩表现的年龄变化，而没有明显的季节色彩特征。气候地理原因的分析见前言关于"地貌与文化的分析"。

在昭觉县竹核乡，笔者和马海木机一家共同生活，同吃同住，亲身体会了他们物质生活的清苦。一大早随木机一家一起下地收土豆，耕作方式仍是牛耕，一直忙到太阳落山，身体已极度的疲惫，还要用驴车装载数百斤的土豆攀援崎岖难走的山路。早饭肯定是没有，中午在土豆地里

享用劳动间歇的午餐是清蒸土豆蘸辣椒面。晚上收工，木机媳妇准备的晚饭是水煮土豆加自家猪圈旁菜地里新摘的白菜，仅撒上盐调味。物质条件限制了凉山的人们对色彩更多奢侈的想象。就像刚刚接触失依孤儿的心痛，面对凉山的贫困，使笔者又一次萌生对色彩文化研究的惭愧。然而笔者又看到，在物质生活水平匮乏的条件下，凉山彝族仍然创造出如此美丽的色彩神话。木机弟弟未满月的小儿子被放置在土豆地边树荫下的一块方形毯巾上，白色的布帽顶端固定着一棵紫皮蒜瓣和一支鲜红的辣椒，在阳光的照射下分外的耀眼。深深触动笔者的还有，在简陋屋檐下充满质朴寄托的一抹耀眼的黄色。这一切使受物质条件限制下的凉山彝族色彩拥有了象征的深刻，也更加坚定了作者对课题研究的信念。凉山的色彩是实在、朴实，不加粉饰的。凉山彝族对于色彩所能传达的情感寄托远远超越了色彩本身所能显现的艳丽。（图87，图88，图89）

图 87

通往竹核乡的小路

图 89

土豆地里，和马海木机一起

图 88

阿夏的小帽

人类为了实现自身强烈的愿望，为了利益，也为了与难以征服和抗衡的自然力量保持和谐一致的关系的一切可能性而祈祷。他们以宗教、艺术的形式传达并寄托精神和意志的存在，这种需求催生了最初原始文明和色彩象征文化的产生。

继青红气之后，赤、黑色的表达是人类认知发展和进步的体现。"清气青幽幽，浊气红彤彤。"在青红气说中，赤色被喻为孕育生命的地母之色。那么在凉山彝族的色彩表达中，作为大地象征的赤色是如何上升为天，胜过了蓝、白二色，更多地用于天、日的指征和艺术表达的呢？其原因与对太阳、火的崇拜以及五行思想的影响相关。按五行的推论，把火和南方、夏天、太阳归为一说，并以赤色为象征；同时把水和北方、冬天、月亮相联系，并以黑色为象征。从视觉直观意象中看，赤色与日、火的表征也是更直接、更接近的。赤、白相比，赤色给予天、日、火更具生命和能量的表现，于是，白色的"日"悄然隐退在赤色之

后，赤色的"日"成为天、日、火更贴切的表达。在"三说"（图90）中我们看到，文字之间的表述可以进行相互替换，但是，在色彩的表现上，却只有五色说的赤黑组合可以替代天、日与地、月，完成象征意义更加尽善合理的对接。对于崇尚火的民族，五色说中的赤黑组合成为了凉山彝族色彩象征的首选。

尚色组合变化的另一个原因是与社会形制的转变相关。刘尧汉曾提到："四川羌族和川滇彝族、彝族支傈僳族

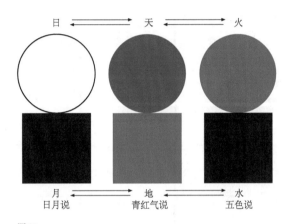

图90
"三说"图示

图91
拖木沟火把节上的母与子

均贵左贱右。以太阳为女性，居左；月亮为男性，居右。川滇凉山彝族谚语：'人间母亲大'。川滇彝族支摩梭人，以大者为雌性，小者为雄性。巍山县彝族的墓葬，直到20世纪40年代仍是夫葬右，妻葬左，这与汉族相反，由此可进一步看出：贵雌尚左的密切关系；可更明确地肯定：道家贵雌尚左是原始社会，儒家贵男尊右是代表奴隶社会下及封建社会的男性中心社会。"[33] 有观点称：伏羲是汉族的祖先，也是彝族的祖先。从相近似的阴阳雌雄观、八方观以及以此为基础的伏羲八卦和彝族八卦，都可以断定彝族和汉族无论从经济、文化及思维样式虽各自独立，又有同源共体的渊源。《三五历记》记载："盘古氏，天地万物之祖也。"盘古死，其左眼化成日，右眼化成月，血、肉、筋、骨皮毛、内脏均化生为万物。彝族口传史诗《梅葛》中也有"左眼做太阳，右眼做月亮"之说。（图92-1）古人造字，用日、月组合为"明"，甲骨文的"明"是左"月"右"日"（图92-2），金文的"明"则变成了左"日"右"月"。相类似的伪变实例不止其一，可以看出这种伪变与母系向父系制度的转变直接相关。笔者在凉山的实地考察中，确实发现了诸多例证，如，凉山彝族对物的雌雄的认定是以大为雄，以小为雌，再小为子；毕摩占卜是以男自南方起始向右按顺时针行走，女则以北方为起始点向左按逆时针行走，从而证明了凉山彝族由"贵左贱右"到"贵男尊右"观念的转变。以此解释象征大地的赤色上升为天的转变，也是完全可以成立的。

中原五色的影响，在凉山并没有形成稳固的文化存在，也可以说没有完成较完整的融合过程，如果生硬地将五行文化的内容与凉山彝族文化嫁接，必定会发生偏误，笔者曾遇见过此类情况，由此引发对文化交融中学术引导有待加强的话题和担忧。凉山彝族本身固守的传统色彩体系有待更加系统化的研究和整理，这是民族文化研究者的责任。

图 92-1

盘古氏，天地万物之祖也。盘古死，其左眼化成日，右眼化成月。

图 92-2

彝族口传史诗《梅葛》中有："左眼做太阳，右眼做月亮"之说。

[33] 刘尧汉：《总序》，见王天玺：《宇宙源流论——彝古代哲学》，昆明：云南人民出版社，1999 年，第 29 页。

第四节　黑与白——生与死的分界

一、天地、日月之和谐

无论是黑白还是赤黑，被古人固定的组合色彩，大都具有极其强烈的视觉对比，这种对比通过观念的转换，获得了心理的和谐解释，从而带给人们情感上的满足和愉悦。这种心理和观念的暗示是否又会反作用于视觉印象，答案应该是肯定的。

天、地，日、月，归为阴阳。黑与白对应，象征月与日、地与天。黑白组合是中国原始色彩象征的最初形态"太极根色"。黑暗，伴随夜晚和气温的渐凉而降临，深邃的夜空带给人们敬畏和神往。暮色中月和星是保护和引领人类回归的神灵，于是黑色注定与月亮、子时那一时空段联系在一起。在阴阳共体的传统观念中，正如昼夜组成一天的概念，日月始终是并存合一，不可拆分的。

在西方色彩学中，黑与白未被列入物理光谱中。但是在中国，黑与白则具备完整的色彩性，被称为"极色""太极根色"。《文子·道原》称："色者，白立而五色成矣。"17世纪后半叶，英国科学家牛顿用三棱镜实验得到了光谱色，又将光谱色聚合，得到了白光。白和黑正是西方色彩学理论中加光混合和减光混合的结果，而数千年前中国古老的哲学观念是，太极的运动生成万物，太极根色黑白的运动产生所有颜色。

彝族与黑、白二色自有割舍不断的情感联系。（图
93-1，图93-2，图93-3，图93-4）

"远古彝族先民一部分崇拜月亮，崇拜水，这与'水
生东夷'一样，这部分先民因地为黑，月为黑，母为黑，
所以以黑自称。他是母系氏族文化的崇拜者。

远古彝族先民另一部分崇拜太阳，崇拜火，这部分先
民因天为白，日为白，父为白，所以以白自称。他是父系
氏族文化的崇拜者。"[34]

远古时代，东夷伏羲氏族以月为图腾，太昊氏族以日
为图腾。《颜色的由来》中说"用白的颜色，把苍天描绘；
用黑的颜色，把大地描绘。"

在汉史籍中记录有"乌蛮""白蛮"的称谓。唐代樊绰
《蛮书》卷四："西爨，白蛮也，东爨，乌蛮也。"（注：西
爨指滇西北、川西南；东爨指滇东北、黔西南、川西南。）

图 93-1
"察尔瓦"

图 93-2
金阳县中老年装
（图片由中央民族大学博物馆提供）

[34] 朱文旭：《彝族火把节》，
成都：四川民族出版社，1999
年，第90页。

图 93-3
凉山彝族结婚女帽，
（图片由中央民族大学博物馆提供）

朱文旭在《彝族火把节》一书中有关于"黑白"与诸多彝语支民族相关称谓的描述："以黑为自称的彝语支民族，有纳西族、傈僳族、拉祜族、哈尼族、基诺族、怒族。其'纳''傈''拉''尼''诺''怒'均为'黑'之意。以白为自称的彝语支民族有白族、土家族（毕际卡）。其'白''毕际'均为'白'之意。"[35]

朱文旭在《彝族火把节》中还对"依诺"等地因尚水、尚月、尚黑的原因而不过火把节进行分析。由此说明凉山彝族自古除尚火、尚日之外，还有尚水、尚月的存在。"日月神观念是形成彝族和彝族支民族黑白观念的本源"，"以黑白为自称的彝族支民族其崇尚的颜色与其自称是一致的"。

月，属阴，相对日的比较显现消极特征。因日所具有的生命能力的象征给予人类积极的意义，致使尚日文化的力量被强化放大。

《宇宙人文论》中提到清浊、黑白的世界本源论。太阳为火，给人类带来光和热；月亮为水，给人类带来气和血。科学研究得知，月亮本身是不发光的，我们所看到的月光是接受太阳光反射的结果。但在远古人类看来，太阳、月亮所呈现就是各自的光色。月亮不发光，那么它本身必定是漆黑无色的，这是原始文化与科学的吻合。从而古人

图 93-4
凉山彝族漆器箭筒
（20世纪20年代前后，木胎，嵌骨装饰，
西南民族学院收藏。
图片被《中国现代美术全集，漆器》收录。）

[35] 朱文旭：《彝族火把节》，
成都，
四川民族出版社，1999年，第88页。

进一步得到了更合理的色彩象征推论。

二、生与死的分界

凉山彝族对黑、白两色有着鲜明的态度。黑和白是划分天地、生死的界限。毕摩仪式黑白祭牲被分别给予死者和生者。黑白之外被统称为花色。

对于彝族崇尚黑，或崇尚黑、赤、黄三种色彩的说法，从小生活在凉山，现在喜德县政府文化局工作的吉吾依作并不完全认可。黑，彝语叫做作"俄诺"；彝族人自称"诺苏"，就是黑色的人。又如漆器以黑为底色，服饰也多以黑布做底。依作认为这些仅仅是表面，如果深挖彝族的尚色观念，真正喜爱的应该是白色。弄清一个民族真正崇尚什么颜色，一定要深入它的文化内部，包括彝族的语言文字。在以毕摩为代表的彝族宗教文化中，人死时会有黑、黄、白三条路，黄路叫"色俄"，是给鬼走的路，能导致人生病；黑色路是给死亡者的路；白色的路是给生者的路。凉山彝族如有人畜生病、死亡，或认为住所不吉、生意赔本等等，都要请毕摩通过念经、插神枝等特有的仪式完成去秽、净身的过程。毕摩在法事中所用道具大多是白色的，给活着的人的一定要是白色，祭神一定要用白色，如白色的鸡、白色的线等。白色有去秽、净化人身的意思。彝族人认为有鬼缠身的时候，就要杀生给鬼，为的是避免鬼再伤害人，而一般给死者或仇人的色彩都是黑色，如黑色的鸡、黑色的羊、黑色的猪、黑色的狗。或遇到仇人，事态到了忍无可忍的地步时，请毕摩做诅咒仪式，咒术使用的都是黑色，其中有震慑、诅咒的意思。毕摩插神枝时所用的神枝要经过毕摩做削的处理，其中也有黑白之分，削去表皮为白，不削皮为黑，用处用法基本与上述内容相同。

白色也有负面的意思，如，在比喻人的性格和态度时，是轻浮的意思，比喻做事不深入，叫"俄曲""曲界"。用黑色指代讲义气、办事果断，彝语叫"俄诺"，被称为"俄诺"的人高大、耿直，但"俄诺"也可能会因为性格过于耿直而危及自己的性命。特别符合老子的"刚直易断，柔和易存"的做人哲理。在这里色彩的象征被赋予了性格的魅力。

黑白的寓意被赋予了宗教力量的象征，它蕴含在传统观念和宗教文化中，被凉山彝族所接纳、实用。它的多层面的象征含义构成了凉山彝族厚重而丰富的情感世界。

第五节　赤与黑——不能拆分的完整表现

　　色彩的象征，特别是作为文化定义的象征，应该具有感性与逻辑思维的一致性。对于火的崇拜主导了凉山彝族的尚色选择。物体经过火的焚烧，最终都会呈现黑色的炭灰物质；清凉的水可以熄灭炽热的火；光照与相背的阴影也会呈现出阴阳的表征；日蚀、月蚀现象帮助古人创造了玄的概念和玄的色彩；大自然的神功造就了物与物的和谐和冲撞，给予人类通达神灵的启示。黑与赤完美和谐的组合关系是古人在长期生活经验中摸索获得的，同时获得了强烈的视觉感受和心理联想的双重满足。黑与赤是一对天作之合的阴阳配对，赤黑之缘，难以分割，呈现的是一个周而复始、持恒永久的圜道模式（图 94-1），它们共同筑成太阳和生命运动的完整过程。

　　罗布合机在《彝族少女换裙习俗概述》一文描述："彝族女子换童装裙时穿红裙，实际上是一块用红羊毛线为主，间用蓝、白、黑三色羊毛线织成的六尺左右长、一尺左右宽的象征性的布，彝族称'扎尼'。""尼"是红色的意思。"由于制作红裙花费大，所以，只有富裕者才能织做。有的村落一个村子只有一件红裙，用时相互借来穿。喜德县红莫镇果布村俄木九体家保存的一件红裙，有 450 年的历史，至今有 15 代。家境好的人家要请毕摩念经，召唤万物神灵，有主管生育之神、主管吉祥福运之神、五谷丰登之神。念经时要杀牛、羊、鸡。插神枝，象征天、地、太阳、

图 94-1
赤黑之缘，持恒永久的圜道模式

图 94-2
"扎尼"（图片摄影吉伍依作）

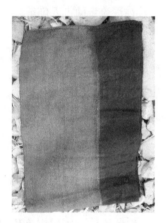

图 94-3
"扎尼"（图片摄影罗艳）

月亮、兹、莫、毕、卓的谈情说爱之意。换裙仪式后，'扎尼'就被收好，等待女孩结婚的日子穿。"[36]

带着一份寻找红裙的心愿，在喜德旅游文化局工作的吉伍依作的帮助下笔者终于见到喜德县山上的一户人家保存完好的一件少女裙"扎尼"（图 94-2）。见到这件"扎尼"时，笔者欣喜之情难于言表，如此古老的实物现今已经非常不易找到。

这块黑红相间的布来自布拖，是用羊毛织的，它原属于布拖未婚女子穿的红裙 "扎尼"，现在穿的人少了，所以只留下这块布。按照凉山彝族传统习俗，在结婚的时候，新娘进新郎家屋里之前，要用"扎尼"在新娘的头上转几圈，要由健康而且生育过儿子的妇女来转，预示给新娘婚后的生育和生活带来好运。"扎尼"的赤色使用的染料是天然植物茜草的根。虽然时间的久远给这块"扎尼"布留下了岁月的痕迹，但是其色彩依旧纯艳如初。（图 94-3，图 94-4）

图 94-4
依诺女装
（图片由中央民族大学博物馆提供）

[36] 罗布合机：《彝族少女换裙习俗概述》，见韦多安主编：《凉山彝族文化艺术研究》，

成都：

四川民族出版社，2004 年。

一、火炭解说

东汉经学家、文字学家许慎在《说文解字》中说："黑，火所熏之色也。"金文"黑"字，本意为黑，指熏黑的颜色。其象形字上面如烟囱，中间的点表示烟囱里面的黑灰，下部是表火的"炎"字，所会之意是指烧火时把烟囱熏黑了。从黑字造字起，黑水与赤火就被紧密地联系为一体了。（图95）

在凉山火烧、烟熏后留下的墨垢黑灰统称为"锅烟"，凉山彝族赋予它很高的礼遇。凉山彝族的毕摩经书插图以锅烟为主要色材，形成了独特的黑色特征；漆器要以锅烟打底，最终呈现的黑漆色彩才会更加纯正和牢固。出生不久的孩子或是结婚时的新娘和宾朋们都有以锅烟抹面的习俗。

在崇尚火文化的彝族看来，炭是火的一部分。火的燃烧过程，温度由凉逐渐到炽热再逐渐到冷却，色彩由固表颜色逐渐赤亮，再逐渐暗淡，最终形成炭黑。经过燃烧的炭黑体内依然蕴藏着能量，一旦遇到火种，又会重新燃起新的火焰。所以这两种两级相对的色彩包含着一致的火的象征。火把节燃过的灰也是不能被当作普通物对待的。火把节的第二天要将燃过的灰"很好地清扫在笋筐中，点香燃竹，敲锣打鼓，用船送入海心、江心或湖心，名叫'送火把'"[37]。这特别说明了彝族将火的燃烧过程的完整性视为神圣并加以敬重的信仰。

图95
金文"黑"

[37] 朱文旭：《彝族火把节》，
成都：
四川民族出版社，1999年，第78页。

二、玄色解说

图 96
篆书"玄"

刘尧汉在《彝族文化放言》一书中引用了爱因斯坦《探索的动机》中的话："通向定律并没有逻辑的道路，只有通过那种对经验的共鸣的理解为依据的直觉才能得到。"色彩的直觉和经验直接来源于对天象的观察。在古人心目中，"象莫大于日月"，天地、日月是宇宙最大的形象。

《诗经·豳风·七月》云："载玄载黄。"郑玄注："玄，黑而有赤也。"玄，意指黑中带赤的色彩，其中包含了日月交会的含义。汉字篆书的"玄"，似一个葫芦形，又像日月相会之形，其象征意味引发无穷想象。彭德在《中华五色》中分析："玄的篆书，两个圆圈像日月相会，如日全食形成的含赤的黑色。"[38]（图 96）

古时称南方为绛天，绛为赤色。五行中，南方为赤，又指代火、日、阳光；北方为黑，指代水、月、阴影。北黑南赤，交会成玄色。凉山彝族四方色中，东赤、西黑指代日出、日落。凉山彝族根深的阴阳观，决定了他们在色彩及纹饰的运用中都包含了日月会合的象征含义。

凉山彝族漆器多处出现被称作"鸡眼纹"的纹饰，非常近似于彝文的"宙"字，即"⊙"（图 97）。

两款凉山彝族的漆器碗，在色彩上用黑漆做底，以黄赤不同比例调和成丰富的橙色来髹饰纹样，替代了纯正的黄色，使整体色彩更接近单纯的赤黑组合。"宙"字和鸡

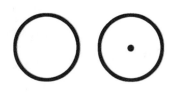

图 97
彝文"宇宙"

[38] 彭德:《中华五色》，江苏美术出版社，2008年，第55页。

图 98
日月之和

眼纹的近似形态充分地解释了古人对玄色的理解，赤黑组合，日月之和的寓意是可以肯定的（图98）。

甘肃省康乐县出土的一尊彩陶人纹壶（图99），用具备玄字含义的黑红釉彩绘饰纹样，人物脸部和大部分的底部空间均采用了宙字纹饰，整体图式

图99
甘肃康乐县出土，马家窑文化半山类型，彩陶人纹壶。
（临夏回族自治州博物馆藏）

图100
《宇宙人文论》中日食、月食图

让人体会到古人对浩瀚未知宇宙的敬畏和遐想。

在日食和月食奇妙的天文景象中，我们都可以看见充满神秘的异样玄色。2011年12月10日20时45分42秒至12月11日0时17分58秒，也就是在课题研究的同时，我们经历目睹了由初亏、食既、食甚、生光、复圆的月食奇观全过程。在那一刻，我们仿佛跨越了时空，和祖先一同感悟浩瀚宇宙色彩的玄妙变化。

月全食发生时，月球所在区域，太阳光完全无法直射。不过，透过地球的大气层，还是会有少许的太阳光通过折射进入地影，因而，从地球上看来，月亮并不是从空中消失，而是呈现难得一见的红铜色，也就是平常所说的"红月亮"的色彩奇观。月食过程中，颜色出现变化，系地球大气把不同颜色尤其是红色的太阳光折射和散射到月球星体上，红色月亮的出现是因为浓厚的大气层把紫、蓝、绿、黄光都吸收掉了，只剩下红色光可以穿透过来。此时虽然没有阳光直接照射到月球上，地球大气依然可以把波长最长的红光折射到月球上。因此月全食发生时不是看不见月亮，而是月亮呈现红色。这种特殊的天文现象在古时是不可能用科学的思维方式去理解的。于是当天象的物性色彩与固定的象征指应发生不一致时，古人便常会对此类非常规的自然现象产生迷惑，甚至产生恐惧，或视其为不详。天狗食月的传说中，目连为救母亲，用锡杖打开地狱门，使得地狱之鬼纷纷逃出地狱到人间作乱。于是当月亮出现红铜色时，人心惶惶，认为将要出现不幸的血光之灾。迷路的魂魄在这个时候也极有可能成妖，制造灾难，于是人们击响锣鼓、鸣放鞭炮，举行原始的祭祀仪式，目的是迫使天狗（目连的母亲）把吞下的月亮吐出来，驱鬼、唤月，寻求保护。《宇宙人文论》中认为食月者不是天狗，而是太阳遇到了"红眼星"，月亮遇到了"豹子星"。（图100）

《仪礼·士昏礼》说:"昏礼用玄纁者,象阴阳齐备。"古人认为玄色表阴,纁色表阳。"纁"为浅红色,古代通"曛",表黄昏的阳光。玄纁的数以奇数阳、偶数阴而定为"三玄,二纁"。彝族文字中没有专指赤与黑相加的"玄"意之字,用"玄"之意解说凉山彝族的赤黑组合是否牵强呢?笔者认为,从玄字的形、意解释完全可以和彝族阴阳合一、日月合一的宇宙观念相一致。凉山彝族以锅烟与血实现了玄色的赤黑调和,赤与黑大多又是以并置的形式出现的,这其中包含了对阴阳和谐、"天人合一"理念的认定。

[39] 朱文旭:《彝族火把节》,成都:四川民族出版社,1999 年,第 89 页。

三、水火解说

在彝族人看来,水是宇宙初始的第一物质。《勒俄特依》"天地演化史"中关于水的描述了共有 10 次。"永无休止"的天地演化过程,其中前三次均与水有关。

《勒俄特依》"天地演化史":"天地还未成,洪水未泛滥,一天反常变,变化极反常,一天正面变,变化似正常。混沌水是一,水盈盈是二,水变黄是三,星光闪是四,星星闪有声是五,声退后是六,停后便是七,来势猛是八,下方毁是九,万物红是十,天地演化史。"(图《天地的演化》) 关于火的描述是这样的:"远古的时候,天上掉下祖灵来,掉在恩接介列山,变成烈火在燃烧,九天烧到晚,九夜烧到亮,白天燃得浓烟冲天,晚上燃得光芒万丈,天是这样燃,为了起源人类燃,为了诞生祖先烧。"可以看到,火与水从宇宙初始就结伴共生。

彭德分析周造金文黑字的意图时说:商甲骨文不见黑字,西周青铜器铭文中的黑字上面的字根是周字的省文;下面是两个火,或写作赤字,字面的意思为"周赤"。周尚赤,按照五行说,黑为水,水克火。分析其意,似乎想借原始火耕的景象用火来改变黑色的属性。由此可见,从黑字造字起,水与火、炭与火就被紧密地联系为一体。

"彝族崇拜水,特别是雪水,认为世间万物皆源于高原雪水。白黄红三色是雪水孕育的。白色为雪,象征纯洁;黄色为金,象征吉祥、富裕;赤色为血,象征生命。"[39]

云南乌蒙山彝族经典《六祖史诗》中写道:"人祖来自水,我祖水中生。"这与《老子》的"玄之又玄,众妙之门"的万物生成之说同道。彝族先民古羌人过着"逐水草而居"的游牧生活,生产生活多在水中,习俗中自然很多与水有关。彝族人一生净两次身。一次是在出生,一次是

《天地的演化》

在去世。婴儿诞生3天后到1个月之内，要举行出门见天礼。仪式由剪头、净身和命名几部分组成。净身所用的净水，彝语叫"知依"，要由孩子的父亲用坛子从特定的水井中打来。同时还要有一个叫"阿依诺依诺"的迎接仪式，毕摩拿一个盛着净水的木碗，口诵《招魂经》，婴儿由母亲抱着用小手沾一沾木碗中的圣水，此仪式意味着婴儿正式成为家庭的正式成员，并会受到家族祖先的护佑。彝族人在去世时要净尸，净尸的意图在于洗去死者生前的罪孽，借助水实现创生、再生；又寓意逝者水里来水里去，其神灵要保佑家族子孙兴旺。在超度亡灵的仪式中，毕摩要诵念《水源经》《祭水经》。婚礼上同样离不开水，迎亲之日，男方前来定亲、迎亲，都会被女方泼上一瓢瓢清水，水泼得越多，就会赢得越多的欢笑，同时得到更多的富足。在迎亲途中，如果遇到河水，不走桥，要涉水而过，其目的都是借水去除秽气，洗去不洁，带来富康。婚礼的第二天还要请毕摩做仪式，新娘手沾圣水，正式纳入夫家户籍。锅灰抹面，据说也是为避免水中蛟龙的伤害。

彝族所属的汉藏语系有尚火、尚白和尚水、尚黑两大系统。白，象征阳、日、天、火、男、父；黑，象征阴、月、地、水、女、母。彝族的水崇拜其最早的原始形式可以追溯到对月亮的崇拜，这是已有的研究结论。"夜郎"与今天的凉山彝族"依诺"存在渊源，"夜郎"属乌蛮，尚水、尚黑。云南西双版纳拉祜族以泼水节闻名，泼水节在每年的阳历4月13日至4月15日（农历三月）。西双版纳的拉祜族同样过火把节。拉祜语称火把节为"阿够度"，时间和内容等均与彝族基本相似。

尚火、尚白和尚水、尚黑两大系统观点的成立，将更有助于推进五行南北、赤黑火水的对峙与凉山彝族黑赤组合象征之间的分析和比较。

五行中南方为赤，用火对应，代表夏季；水深，色必玄。北方为黑，用水对应，代表冬季。五行中火与水是一对阴阳物质的组合，火具有既可以驱寒避瘟又可以焚毁一切的神力，水却几乎是唯一可以熄灭它的物质，于是水、火相对，构成了交互的生克关系。

凉山彝族神话《勒俄特依》中，阿吕举子奉司子低尼之命，喊出了六个太阳和七个月亮，太阳火的威力使"所有树木被晒死，只剩火丝达低树；所有水池被晒干，只剩阿莫署提水。……所有草类被晒干，仅剩一棵帕切曲；所有庄稼被晒干，仅剩一棵蔴种子；所有家畜家禽被晒死，只剩一只白足猫；所有野兽被晒死，只剩一只公獐子"。于是出现了射日月的民族英雄支格阿龙。支格阿龙吃龙饭，喝龙乳，穿龙衣。龙年龙日生，行龙运。龙为水中物，其中的道理不言而喻。在凉山彝族的经书插画中，支格阿龙的助手神龙"叭哈阿支"和神凤凰"苏里吾勒子"也正是分属天火、地水之神物。（图101）

水能熄灭炽热火焰，火可使冰水加温融化，蒸腾成气，青红之气，净化并生成宇宙。

火与水的结合生成气，正是凉山彝族所认知的宇宙形态。彝族人认为，宇宙的生成，清浊二水是基础，阴阳二气是条件，色彩则是完善的外在形式。"无水不生，无气不活，无色不现。"宇宙初始形成的气状形态在彝族史诗中也有描述。其中火和水的关系也非常明确。水气色的生态形式存在于彝族的宗教仪式和生活习俗的方方面面，而这一切要依靠火的助力。在凉山彝族的很多习俗中，如男孩、女孩的成人礼、彝巫的超度仪式等，都有一种被称为"淬水"的仪式，即用火烧红石头再用凉水泼洒，从而产生蒸气的仪式过程。《彝族风俗志》中记录了彝族男子换裤子礼的过程。仪式开始时，由毕摩或男性长者把一块石头放

图101 "叭哈阿支"和"苏里吾勒子"

进火塘，待石头烧烫后取出，即刻向石头上浇一瓢凉水，使之散发出大量蒸汽。随即将裤子在水蒸汽上绕数圈，诵念祈神祈祖的吉利之词，并迅速给受礼的孩子穿上。如果妇女离婚或改嫁，也要请毕摩举行解除户籍的仪式，要将一块石头烧热，浇一瓢冷水在上面，产生蒸汽，意在清洁改嫁的妇女，同时使用祭牲、神枝等，引领她进入新的夫家。当葬礼火化之后，要将骨灰用白布包裹放到祖先灵牌的山洞中，剩余的骨灰需扫净装于布袋撒到山上，由家里的儿媳背一桶水泼过，整个火化过程方告结束。岭光电在《凉山彝族习俗》一书中注：呗耄做超度诵经时"必用树枝插神座，烧烫石淬水去秽，舀碗水由主人用手指蘸一下后做净水"[40]。

水与火的合作频繁出现在凉山彝族的生活习俗和宗教仪式中，使水的净化意义得以确定，同时反映了凉山彝族对火和水拥有一致性意义的理解，水与火既是相对立的，又是统一的。

凉山彝族四方色中呈现的是东赤、西黑、北白、南黄的色彩貌征。在彝族"八方之年"纪年的四方指向中，东方称"布多"，"布"为太阳，"多"为出，即"日出"之意；西方"布借"，"借"为落，即"日落"之意。凉山彝族自治州地势西北高、东南低，山脉河流走向，大多由北而南。所以称南方"依姆"，"依"为水，"姆"为尾，即水尾之意；称北方"依乌"，"乌"为头，即"水头"之意。东西日的出没，南北水的头尾，"四方色"反映的正是凉山彝族古老的观念里火与水存在紧密关系。

---

[40] 岭光电：《凉山彝族习俗》，中央民族学院少数民族语言研究所彝族历史文献编译室，第 115 页。

四、二至解说

古人的一切活动都是围绕着对天体的观测，去发现人类所居住的地球与日、月运行所产生的关系。《尚书·尧典》："历象日月星辰，敬授人时。"五行初始，确定了四时的划分，以四方识别四季，又以八角分辨八节。形成了春天发生、夏天成长、秋天收藏、冬天储藏的万物生长规律。中国古代天文历法家调节阴阳秩序，使四季周正，确立了天人合一、天地合一的和谐共融。五行的发生正是与历法的形成和完善同步，回归这一途径，从传统宇宙观念的形成和天文历法的使用情况这一角度去探寻凉山彝族色彩的象征无疑是正确的方法。

火把节和星回节是彝族最重要的两个节日。有关两个年节的由来、关系和称谓，学术界存在很多争议，相关的传说也很多。"星回节"一词，源于汉的称谓，《汉书·天文志》称："星回岁终，阴阳已交，劳农大事腊以送故"。孔疏："谓二十八星宿随天而行，至于此日，复其故位，故云星回于天。"五代蜀人编《玉溪编事》："南诏以十二月二十六日，谓之星回节。"游国恩在《火把节考》一文中考证了火把节源于"原始人田猎之事"之说。也有论证将火把节出于烧虫灭害，逐疫辟邪，祈求丰年的功利目的相联系。对于两节的称谓有 "火炬二节"说，即两个都称火把节；又有将两个节年统称"星回节"。《汉书·天文志》有："星回岁终，阴阳已交，劳农大事腊以送故。"《禄劝县志·风土志》《南安州志》《楚雄县志》均有火把节又称星回节的记载。又有观点说所谓星回节的产生不是起于北斗星的斗柄上下所指，而是彝族二十八星宿中的昂宿，彝语叫"痴苦"，也就是首星出现。关于"痴苦"，还有彝族七姐妹的传说，却正好和北斗七星相谋和。七姐妹不愿分离，相约而死，变成昴宿星，昴宿星与月亮同时出现在天空，彝族又管它叫"它波"。昴宿星分别在天黑时和天明时出现，这样就有了两个星回节的称谓。

星回节彝语叫"机姑"，是"星星回来"的意思。星回一词，源于先民对天象变化的观察。关于两个节年称谓的争议不做本文的重点，笔者将以诸多论点作为参考，站在色彩专业的位置，把关注重点放在两节与二至的关系上，围绕相关色彩象征的主题展开讨论。从这个角度深入，思路和视野豁然开阔。

从两个年、节的季节时间看，是与天文历法直接联系的。太阳的两个回归日正好与彝族两个最重要的节日火把节和彝年的时间相吻合，两者的接近绝非巧合。依笔者拙见，无论两个节年如何称谓，接近于二至的概念是毫无疑问的。

以北斗星的观测判定季节源于汉族夏历的影响。在彝族，以北斗星的斗柄（尾巴）的指向做星回标志，正好把一年分为两半。凉山彝族观察到每年冬季太阳南移到某一点，就不再南移，称此点为"太阳转向点"。彝族的部分村寨至今仍保留有简易又古老的观象台遗迹。它是选择毕摩居住地附近的空场，用一块大石搭建成座椅，左右足下各竖一石桩，用来固定观测者的位置，常年不动，观测者坐西向东，每当太阳升起时观察太阳的南北移动，以南北山头的某一标志确定一年中的最长日和最短日，即夏至日和冬至日，得到一年的长度。

清《西昌县志》："倮俗每年冬年夏节各一，以阴历建子月为岁首，庆贺新年，谓之过年。又不自月朔漆器，惟于是月冬至节之前后十余日内，黑夷自择吉期过年，各支虽先后不齐，而一支之中，自黑夷至娃子，则皆划一也。夏节则在阴历二十四日。阴历季夏六月二十四日。"因此彝族又有"上半年过节，下半年过年"的说法。"彝年的含义有'裂年''分年''新年'等，即两年的分界，一年的开始。"[41]

彝族民间流传的两句话是"木库木孜呆，库施木呆。木勒木孜呆，都则木孜呆。"意思是：过年是划新年和旧年的界限的。过火把节是划上半年和下半年的界限的。[42]

存有争议的彝族十月太阳历以冬至为岁首。十月太阳历选择傍晚时北斗星（彝语称"沙聂"）的尾巴（斗柄）指下为大寒，指上为大暑，将一年分为两个季节。根据计算寒暑往返一次，得出回归年的长度为365.33日。十月太阳历的两个新年彝年和火把节正是依此而定的。"当星回标志北斗星的斗柄指上时过火把节，斗柄指下时过彝族年。"[43]按照十月太阳历的说法，是按天文点定季节，即观察太阳运动定二至，北斗柄指向定寒暑。

汉族以夏至和冬至划分一年寒暑，二至分别是一年最冷和最热的时刻，即太阳的两个回归日的前后。冬至日是12月21日或22日，夏至日是6月21日或22日，两者相距185天。"彝年"在农历十月到十一月，凉山各村县的火把节在农历六月二十四日上下。因各地区的气候差异，影响耕作时间的不同，因此两节的时间不很统一。

鲜明的阴阳观使彝族习惯以阴阳为半的方式看待物质世界。大寒、大暑与冬至、夏至相近同。可以看到彝族对年节同样重视的程度，年节的习俗也大致相同。陈久金等在《彝族天文史》中有二至和寒暑相近的比较。从两个年节的时间看，根据观察太阳在一年中的两个回归点，认定彝族指定星回节的大寒和大暑，基本等同于汉族的二至。

从中国古代纪年法的历史看，最早是以王、公、君、侯即位的年次纪年。战国，随着天文学的发展，用天文占星的方法，用岁星（木星）纪年。后汉废止岁星纪年，采

[41] 岭光电：《凉山彝族习俗》，中央民族学院少数民族语言研究所彝族历史文献编译室，第8页。

[42] 朱文旭：《彝族火把节》，成都：四川民族出版社，1999年，第184页。

[43] 刘尧汉：《彝族文化放言》，武汉：
湖北教育出版社，2007年。

用干支纪年法。传统的六十甲子纪日早在夏后期就已存在。

中国古代天文历法家以调节阴阳的秩序，使四季周正。故有观点肯定地说：中国古代历法既不是纯阴历，也不是纯阳历，而是阴阳合历。依据历法学研究，中国古代有六历：皇帝历、颛顼历、夏历、殷历、周历、鲁历。六历均属阴阳合历，一年均为365.25日。所不同的是历元，据记载，皇帝历、殷历、周历、鲁历均以冬至为一年节气的开始，计冬至到冬至为一个太阳年，把十一月天正朔旦冬至的某年作为历元；颛顼历、夏历以立春为一年节气的开始，计立春到立春为一个太阳年，把正月人正朔旦立春的某年作为历元。天文学家分析，从天文学的角度把冬至作为一年的开始是比较合理的，但是冬至日正值严寒，由于立春之日起天气随暖，利于耕作，所以被夏正采用，并一直延用至今。一个是以夏正为代表的立春计始，直接反映在中原文化的五行色环上。一个是以周正为代表的冬至计始，影响了

彝族自身特征的色环面貌。

彝族使用的历法大抵与汉族使用的夏历相一致。中国古代主要指按月亮的月相周期来安排历法。所以夏历称作是以阴历为主的阴阳合历更为确切。

为便利于农业生产和生活所需，所以才有了附设二十四节气的必要。二十四节气是根据太阳回归年周期形成的二十四个特定点而定。《淮南子·天文训》有："十五日为一节，以生二十四时之变。" 太阳运动一个周期为一年，彝语称"枯"。一个月中，月亮由缺到圆，再由圆到缺各15天，彝族称上半月为"朵"，称下半月为"依"。古人又以斗柄所指决定"二十四向"。《鹖冠子·环流》："斗柄东指，天下皆春；斗柄南指，天下皆夏；斗柄西指，天下皆秋；斗柄北指，天下皆冬。"二十四节气的排列是：春分、清明、谷雨、立夏、小满、芒种、夏至、小暑、大暑、立秋、处暑、白露、秋分、寒露、霜降、立冬、小雪、大雪、冬至、小寒、大寒、立春、雨水、惊蛰。全部二十四节气的名称最早出现在公元前140年左右，西汉时期的《淮南子·天文训》中。公元前104年，汉武帝太初元年实施太初历，第一次把二十四节气定入历法，迄今已有2000多年的历史。二十四节气实际上是一种特殊的太阳历，对农业起着重要的指导作用。

竺可桢在《天道与人文》中提到：在西洋，一年春夏秋冬四季统以太阳为转移，所以只知两至和两分，即冬至、夏至、春分、秋分。彝族先民对二十四节气最初认知和掌握的只有8个节气，即：立春、春分，立夏、夏分（夏至），立秋、秋分，立冬、冬分（冬至）。（图102）天度360°之间，以子午为经，卯酉为纬，四立居四维，太极、两仪、四象、八极、十二辰、二十四节气、二十八宿七十二候皆在天盘之中。在《淮南子》中以"绳""准"作为天地万物必

循的标准，故古人以子午为绳，卯酉为准，定子午卯酉，即冬至、春分、夏至、秋分为"四正"；定立春、立夏、立秋、立冬为"四立"。"四正""四立"也就是彝族使用的 8 个节气。

陈久金在《彝族天文学史》中注："阴阳二气的升降引起地上的寒暑变化，在一年中，气的运动有八条轨道，便产生地上气候的八节变化。"青红各四条和一条虚线。青线指天气运行，红线指地气运行。虚线为青红二线的交轨之处。虚线以外为青、清之天气，虚线以内为红、浊之地气。（图 103）易谋远在《彝族古宇宙论和历法研究》中分析：彝族节气的推算从立春开始，从立春到立春作为一个太阳年。要求正月人正朔旦立春的某年作为历元。有南郡历法记载："改年即用建寅之月。其余节日，粗与汉同，唯不知有寒食清明耳。"又有"俗以寅为正，四时大抵与中国小差。"[44] 可见以寅月为正月，与汉族夏历一致。凉山彝族的祖先对天体运动所具备的历法知识，使彝族鲜明的尚色观和色彩象征具备了科学性的认证基础。

对于二至，东西方的很多国家均有祭火的习俗，均明示对太阳两个回归日的重视。五行思想正是建立于古代天文历法的基础之上。二至在五行色彩方向上对应北和南，由黑和赤代表，一阴一阳，皆与太阳相关。在彝族的哲学观里，事物都有阴阳，都在运动。最寒冷的冬至也预示着太阳的热能开始回归。凉山彝族定一年的前半年为阳，后半年为阴。阴阳二分的分配方式，也与二时制的内容相近似。

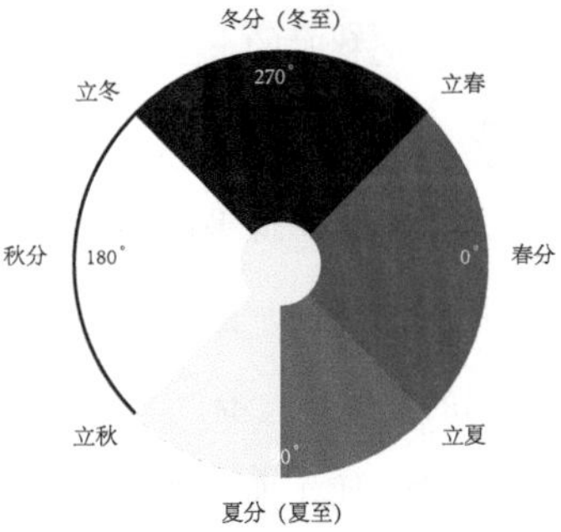

图 102
彝族先民对二十四节气最初的认知和掌握只有 8 个节气

图 103
清浊二气运行轨道图示
（图源自《宇宙人文论》，由笔者附色）

[44] 易谋远：《彝族古宇宙论和历法研究》，北京：科学出版社，2006 年，第 284 页。

五、四方色与二时制

　　《阿细先机》中 "东边的红云"和"西边的黑云"有日出日落的象征含义，它印证了"凉山彝族四方色"的色彩指示特征。古人对四时的认识是一个漫长的过程。关于四时最早可查的是《尚书·尧典》的"四仲中星"，记录的是尧的史事。从商代卜辞来看，至商代还没有四季概念，商代一岁只分为春季和冬季，并无冬夏之名。西周前期仍然沿用着二时制是可以肯定的。由二时制发展为四时制，是为了自然生产的需要。所谓二时制发展为四时制，是把二时制春时的上半期划分为冬季，又把秋时的上半期划分为夏季，这样就成为"春夏秋冬"。

　　借助二时制和四时制存在时间的结论，似乎可以解释彝族四方色与汉五行色彩所指示不同的疑问。黑红由春秋与夏冬间的转换，反映了古人时制的发展和进步。

　　彝族以冬至和相对的夏至相近的时间作为一年中最重要的两个节年。色彩上选择了与太阳最贴近的、最具象征力的赤和黑。作者认为这个彝族方向色环是最贴近彝族自身文化的象征色环。黑直指冬至，是一年的最冷点，但冬至日过后，太阳便开始回归，因此，黑色表示的不是寒冷，而是热能萌发前的收藏和积聚。

六、祭祀解说

　　赤色以血为象征载体，是人类最早的色彩记忆，也是

图 104-1

远古的祭祀仪式用血作为祭品，商、秦的甲骨篆文"血"字，其形态似祭祀的器物。

图 104-2

鸟纹杯豆，战国，1957 年在河南信阳长台关一号墓出土。（河南省文物考古研究所藏）

[45] 彭德：《中华五色》，南京：江苏美术出版社，2008 年，第 21 页。

最早地被赋予了人类精神寄托的象征色彩。血色与恐吓、战争、盟誓相关，它赋予了赤色原始巫术和宗教祭祀特性。出于原始巫术和宗教用途，血色可以吓退野兽，震慑敌人，表示自己的强盛。它的炙热的温度足以告慰神灵，求得保佑。

事实上，人们对色的关注一开始就与祭祀融为一体。彭德在《中华五色》中提出了"色"字与砍头歃血仪式的联系。"甲骨文的色，像刀砍跪着的人的头，意思同杀一样，都是砍头见血。文献记载，舜帝是东夷人，是舜帝最早用这个字。东夷流行杀头祭祀。"[45] 彭德还例举了许多地方方言中色和杀都读同一音，如：山西太原读 sā；江苏苏州、浙江鄞县与云和、广西临桂两江读 sa；湖南九疑山东麓的蓝山读 se。作者虽然不精彝文，但查阅了凉山义诺语中颜色和杀的读音，分别为"色"读 [zɛ33]，"杀"读 [sɛ33]，虽不等同，却也相近。

古人对黑色的重视程度几乎等同于赤色，夏朝尚黑，同时钟爱赤色。按照商周出现的邹衍五德始终的说法，周尚赤，但尚黑习俗依然延续，因此看到了夏、商、周大量赤、黑色彩的并置使用。赤与黑成为历代艺术家始终不弃的色彩组合。

夏尚黑。《尔雅·释畜·郝疏》记载，夏代祭祀时兴"牲用玄"，即用"夏羊（黑羊）"祭祀。漆器最初是祭祀用的器皿，传大禹造漆器，涂色就是外黑内赤。远古的祭祀仪式用血作为祭品，商、秦的甲骨篆文"血"字，其形态似祭祀的器物（图 104-1）。夏代的漆器为黑色。《韩非子·十过》记载："墨染其外，朱涂其内。"《国语·晋语八·平公》："宋之盟，楚人固请先歃。"国与国结盟，要举行"歃血"仪式。割血滴入盛有清水的器皿中，双方首领喝血，或将血涂于嘴唇，以示诚意。用久了的漆器内壁

会变为赤色。外黑内赤的漆器色彩被固定下来。（图104-2）

歃血习俗于20世纪初在彝区尚有保留。林耀华在《凉山彝家考察》一文中提到大约在20世纪30年代，凉山彝区仍处于奴隶社会。当时汉商人若想进入彝区，必须高价聘请强有力的黑彝头人做自己的"保头"，否则在彝区会被掠为奴隶。为了与"保头"建立更可信的关系，以防不测，在进入彝区前都要与"保头"一起饮血酒盟誓，保证双方信守诺言。

作者在吉伍巫且家见到一款由巫且父亲绘制的木胎汤钵，为内赤外黑的色彩特征。（图105）

图105
吉伍巫且父亲绘制的木胎汤钵为内赤外黑的色彩特征。

图106
现代凉山彝族漆器仍保持内壁髹朱的特点。

第六节　赤、黑、黄对应日、月、人，阐释"天人合一"

一、日、月、人，阐释"天人合一"

赤黑分别对应天地、日月、火水，下面我们将探寻人与黄色的联姻。据考证，彝族尚存一个月二十八天，一年十三个月共三百六十四天的历法。"一个月二十八天"实际上是以妇女月经以"二十八天"为周期的历法，又称"人体历法"。男象日，女象月。妇女经期的间隔正好是一个朔望月周期，而且行经多在朔月前后。《本草纲目》称："腹中之黄，应月盈亏。"妇女排卵多在望月，望月时，生物分泌发育旺盛，蚌蛤发育旺盛，蟹黄丰满。[46] 朔望月的变化也正好与色彩的明度和色相变化相一致（图107）。

因此可以确立，黄为和谐，气血充盈之色。在五行中，黄对应五行之土，五方为中，五辰为季夏，五藏为脾，五味为甘，五情为思，五谷为稷。黄居于中，"中"象征至高无上的权力。黄指示"季夏"，是太阳活跃的季节，是太阳、光照、温暖的色彩。与黄对应的"土"富有旺盛的生命活力，是生命的温床，拥有收获、吉祥和喜悦。中国有中秋

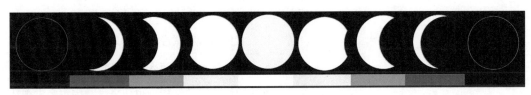

图107
"腹中之黄，应月盈亏。"朔望
月的变化与色彩的明度和色相变
化相一致。

[46] 常秉义：《周易与历法》，北京：中央编译出版社,2009年，第21页。

食月饼的习俗，时月满，将蛋黄包在月饼中，象征月圆。这种制作方法是否拥有承袭传统的史料记载，有待考证。蛋黄和望月，形色贴切，这种象征可以堪称为形态与文化的绝妙之作。（图108）

古人云："天有十二月，人有十二藏；天有十二会，人有十二经；天有十二辰，人有十二节。"

一年十二个月，对应人体经络内脏的生发规律。《黄帝内经·素问·诊要经终论》："正月二月，天气始方，地气始发，人气在肝。三月四月，天气正方，地气定发，人气在脾。五月六月，天气盛，地气高，人气在头。七月八月，阴气始杀，人气在肺。九月十月，阴气始冰，地气始闭，人气在心。十一月十二月，冰复，地气合，人气在肾。"

图108
蛋黄月饼

《灵枢·岁露》："人与天地相参也，与日月相应也。故满月则海水西盛，人血气积，肌肉充……至其月郭空，则海水东盛，人气血虚，其卫气去，形独居，肌肉减……"在凉山彝族毕摩法事中常会以"颈椎十二节""肋骨十二根""五门十二重""鸡骨十二根""十二毕摩神"等追随宇宙万物变化与人之间的同一规律。

中国古代女子普遍有"贴黄""约黄""涂黄"的方法美饰面颜。彝族史诗中常见"黄荞馍""黄油菜花"的赞美。凉山彝族自古就有用荞麦面涂抹脸做美颜的习俗，用荞麦或苦荞粉做成糊状涂抹在脸上，睡在温热的燕麦垛里，醒来时，面目清爽美艳。

《宇宙人文论》中也提到清浊、黑白的世界本源论。太阳为火，给人类带来光和热；月亮为水，给人类带来气和血。科学得知月亮本身是不发光的，我们所看到的月光是接受太阳光反射的结果。但在远古人类看来，其所呈现就是各自的光色。月亮不发光，那么它本身必定是漆黑无色的，这是原始文化与科学的吻合。从而古人进一步得到了合理的色彩象征的推论。

凉山彝族对色彩的选择有鲜明的态度。其色彩表达是丰富的。其丰富体现的是具有浓郁的原始文化特征的太阳崇拜以及以阴阳互惠为条件的物质认知观念。

《周礼》有天子"玄冠、黄裳"之说。古人观天在未明时为玄色，观地为黄，天玄地黄，天尊地卑，天上地下，顺应天地，以示敬仰，故顶冠取黑，下裳用黄。

赤、黑、黄的组合模式经历了岁月的磨砺和文化的沉淀，被固定下来。其过程伴随人类思维进化过程，呈现了二维、三维到四维的递进结构，也代表了彝族古宇宙观认识的进步。

《色彩的由来》："……相距很远后，舍够沽老人，发明了黄色，从此以后，够斯艺，葛笃诺两人，绘制美的画……"可以认定，黄色的出现晚于赤、黑。黄色加入的同时，使色彩在神属权力下注入了人的气息。

二、生胜假说

五行生胜说包含在五行思想的框架之中，是古人在把握宇宙万物的时空节律性、全息性、系统性的基础上概括抽象出来的宇宙万物之间既相互滋生又相互克制、相互制约的关系，反映物质之间运动变化的规律。

陈久金等在《彝族天文学史》中认为：彝族黑、红、黄的尚色习俗是"夏尚黑、周尚赤、伏羲尚黄的原始遗风"。

火能生土，土多火晦；火得水而灭；水得土而绝，天地之性。万物相生相胜、相反相成是宇宙生态保持平衡的重要条件。

为进一步探明凉山彝族所喜尚的赤黑黄与物质元素之间可能发生的连带关系，笔者在五行生胜关系的基础上，大胆尝试了注入色彩后所发生的可能性，于是令人惊喜地发现，得到了五行生胜环中一个局部的循环链，它是一个发生在水、火、土圜道上的黑、赤、黄三色的三维色彩结构。（图109）

图109
生克色环

color glory ......

第五章

确立色彩象征的恒定意义

第一节 寻求科学与文化的谋和

一、光与色

《荀子·天论》说："在天者莫明于日月。"圣贤造字，日月上下组合为"易"，左右组合为"明"，以此阐明日月是光明的来源。光照在物体上，形成物体受光亮部和背光阴影的明暗色彩的浓缩对比。古人面日观象，言之"负阴抱阳"。很明显，中国古代对阴阳的表述与物体光与背的自然规律相一致。

在西方的色彩理论中，"光是色之本"。早在古希腊时期，先哲们就提出了光与色的关联，阿里斯妥太莱斯（前384—前322）所著的《泰奥菲拉斯图斯的色彩学》提出了光与色的原理，即"暗是光的欠缺""光投射在物体上，而使该物体有色；光变化，物体的色也随之变化"，以此确定物体的色彩特征取决于光源的色彩属性。古希腊哲学家亚里士多德提出：只有光的存在才能看到色彩。开创了"光即色彩之源"的学说。

彭德在《中华五色》一书中从造字的角度讲明了中国古代对光与色的理解。"采"与女人采集、纺织和生育有关，而"色"与男人狩猎杀牲有关。"色彩"一词最早以"采色"表示，"采"在前，"色"在后，体现了母系社会的遗迹。东周（前700—前256）时期"彩"字出现，"彩"字右边的三撇表示光泽。东西方近于同时期地关注到了光与色的联系。

为西方色彩学研究提供了科学依据。1818 年，约翰·沃尔夫冈·冯·歌德（Johann Wolfgang von Goethe, 1749—1832）的《色彩论》提出了"内外双向色彩感知"的观点，即外界客观光与色彩的存在，以及人眼的色彩机能对色彩感知力所起的作用。人眼所能识别的波长范围是 380—780 纳米。赤色波长为 610—780 纳米，蓝色波长为 450—500 纳米，仅次于紫色的波长 380—450 纳米。鲁道夫·阿恩海姆在《艺术与视知觉》中认为："人们最喜欢的颜色是位于光谱两个极端的颜色——赤色和蓝色。"西方光波的两个极端色，在中国古代文明的"青红气说"中是支撑天和地的色彩，古老的中国文化与西方科学之间的融通令人振奋。

17 世纪初，笛卡尔等人通过多种实验力图用光的折射定律解释天上 7 种彩虹颜色的成因。直到 1666 年，艾萨克·牛顿（Isaac Newton, 1643—1727）通过著名的色散实验（图110）更精准的得到了赤、橙、黄、绿、青、蓝、紫七色光谱色的产生和白色光的集合。牛顿著于 1704 年的《光学》一书，

随着光学色彩理论的推进，六色光谱说被提出，即赤、橙、黄、绿、蓝、紫，其理论依据是：青蓝色光始终未能测定其确切的波长限定差值。现代科学证实，光是一种以电磁波形式存在的辐射能。光有光波，它沿着直线方向做波浪式的推进运动，两个波峰间的距离为波长，波长以纳米为单位。光谱色中赤色光波最长，折射角度最小，行进

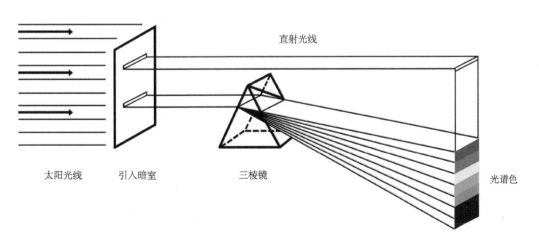

直射光线

太阳光线　　引入暗室　　　　　三棱镜　　　　　　　　　　光谱色

图 110
1666 年，艾萨克·牛顿通过著名的色散实验更精准的得到了赤、橙、黄、绿、青、蓝、紫七色光谱色的产生和白色光的集合。

的速度最快；紫色光波最短，折射角度最大，行进的速度最慢。光照射到不透明物体的表面时，产生粒子的碰撞，部分反射，部分被吸收，反射的光作用于视觉器官，形成了物体色的概念。

原色与间色（光谱色）的波长范围

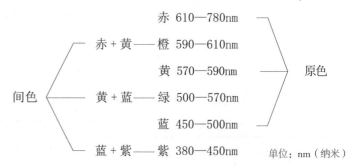

赤、黄、蓝（青）在现代西方色彩学中被称作是所有色彩中纯度最高的，且不可以用其他色彩调配所得的三个原色，即"三原色"。三原色与五色中黑白之外的赤、黄、青不谋而合。三原色是宇宙天体已知最小粒子考克的基本色，而作为太极根色的黑白两色也正是代表宇宙秩序特征的阴阳模式。中国古代拥有了用以标注全部物质世界的五种象征纯色。

观察天象色彩是艺术表现的重要途径。中国色彩象征根植于人类对于色彩所固有的生理和心理的感知，而人类具有同一性的原则。基于这一点，中国色彩象征具有广泛的亲和力，更容易被世界接纳和认同。

17世纪，伊萨克·牛顿将七色光谱弯曲成环，首先创立了西方的色环模式，后来衍生的色环基本遵循了牛顿的色环模式。如20世纪20年代的翰尼斯·伊顿色环，20世纪初奥斯瓦尔德24级色环，20世纪初蒙赛尔色立体，1981年飞利浦·奥托·龙格创建的色球体用三维丰富了二维的色彩体现。时空交织的圜道特征成为色彩艺术共有的形式。然而遗憾的是，西方色环的发展依据太阳光谱色的基础，

[47]（美）H·H·阿纳森：《西方现代艺术史》邹德侬、巴竹师、刘珽译，天津：天津人民美术出版社，1987年，第21页。

却始终未能实现与时间概念的对接。

19世纪中叶，西方印象主义以毕沙罗、修拉、莫奈等为代表的一批画家开始对科学色彩概念中的新发现感兴趣，他们的作品被称作是"光学现实主义的一种最终的精炼"。[47]克劳德·莫奈（Claude Monet，1840—1926），于19世纪80末到90年代初的数年时间里留下了记录卢昂教堂不同时辰色彩的系列组画《卢昂教堂》。《卢昂教堂》系列组画是对2000年前就已经存在于中国五色理论中的时辰指示色彩的重新验证。而直到1913年由德国人G. A. Klebs提出，至1920年被确定的光周期，西方才开始用科学的目光审视24小时光的节奏规律。把莫奈在《卢昂教堂》组画中对一天光的不同色感的表现与中国十二时辰的分段相比较，3点至9点（卯时段）、9点至15点（午时段）、15点至21点（酉时段）、21点至3点（子时段）分段，两者间的色彩特征虽略有不同，但大体相一致。用色彩学理论中存在的"对比决定色彩性质"的方法加以分析，莫奈的《卢昂教堂》组画中，卯时光色相对冷，取青，两者指示色相同；午时的光色与卯时和酉时对比，没有明显的冷暖倾向，所以为白、黄，与时辰指示一半相吻合；酉时的光色与卯时的冷光相对比倾向暖，所以取红；子时取黑，两者相同。莫奈光色时间变化的体验，足以证明东西方尊崇自然本原的一致性。（图111-1，图111-2）

19世纪，托马斯·杨格和赫尔曼·冯·赫尔姆霍兹发现

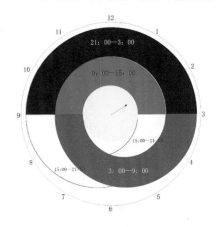

图111-2
中国十二时辰色彩图示

Claude Monet
中国五色

| 3:00 — 9:00 | 9:00 — | — 15:00 | 15:00 — 21:00 | 21:00 — 3:00 |
| 3:00 — 9:00 | 9:00 — | — 15:00 | 15:00 — 21:00 | 21:00 — 3:00 |

图111-1
克劳德·莫奈系列组画《卢昂教堂》与中国十二时辰色彩指示的比较

了色彩视觉的三色原理，即三种不同颜色的光混合构成我们所感知的任何颜色。詹姆斯·克勒克·麦克斯韦量化了其色彩混合的实验，形成了现代色彩学理论对色彩认识的基础。西方色彩学近期研究发现，紧挨眼球后部的视网膜，布满了众多被称之为杆状和锥状的传感接收细胞，这些细胞只有一根头发丝直径的1/30。锥状细胞传递白光视觉信息，它们由三种对光谱中赤、黄、蓝光敏感的细胞组成，它使人类具有准确的色彩分辨力。研究已得知，人类拥有所有哺乳动物共有的古代色系和灵长类祖先在不太久远的古代才进化出来的两种独立色系，众多的锥状细胞是后期进化而来的。

色彩颜料中赤（M）、黄（Y）、蓝（C）是三种不可调配的第一次色，被称作"颜料三原色"，"颜料三原色"的混合称作"减光混合"又叫"负混合"，其混合结果得到黑色（K）。CMYK色混系统用于印刷和染料；红（R）、绿（G）、蓝（B）为"色光三原色"，其混合叫"加光混合"，又称"正混合"，色光混合的结果得到白（W）。RGB色彩光学系统用于影视和电脑。（图112）

《阿细先机》所描述的"四方色"属于彝族自身的而且是非常古老的色彩象征体系，这可以从两方面推断作为依据。其一，《阿细先机》1944年最早是由光未然先生搜集整理并出版，当时的书名为《阿细的先鸡》。1958年由中国作家协会昆明分会和昆明师范学院组织的云南省民族民间文学红河调查队考察，云南弥勒县西山二区东南角深山中的罗多下寨是《阿细先机》的发源地。罗多交通不便，与外世隔绝，相对屏蔽了外域文化的渗入，因此《阿细先机》保留着更为古老的原始风貌。其二，可以从色彩认知的形成情况看。白庚胜在《色彩与纳西族民俗》中引用了美国学者Brent Berlin和Paul Kay关于全球性色名的调

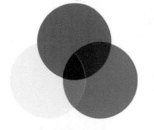

减光混合

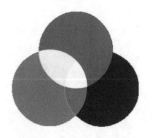

加光混合

图 112
色彩的减光和加光混合

查结论，Brent Berlin 和 Paul Kay 将 98 种世界语言中的 11 种基本色名按认知的发生次序排为 7 个段次。第一段次：黑、白；第二段次：黑、白＋赤；第三段次：黑、白、赤＋绿或黄；第四段次：黑、白、赤＋黄或绿；第五段次：黑、白、赤、绿、黄＋蓝；第六段次：黑、白、赤、绿、黄、蓝＋褐；第七段次：黑、白、赤、绿、黄、褐＋紫、粉红、橙、灰。笔者将其制成色彩图示（图 113）。如图所示，第四段次出现的绿，似乎存在不定性，而就此提出异议也似乎是在情理之中。黑与白在中国的传统观念中被认为是宇宙初始划分天地的太极根色，是五色的根本。在凉山彝族把黑白两色视为生死的界限，黑与白之外的颜色均统称为"花色"。黑白之上的赤黄蓝为三原色；黑、白、赤、黄为四方色；黑、白、赤、黄、蓝则构成了五色。从色名认知的排序或许可以推断："彝族四方色"存在的年代应与中原五色并存甚至早于五色的形成。

凉山彝族"二维阴阳形态"

从"大虚虚""黑沉沉"到从无到有的"太极元气"划分天地，再到"青气上升，红气下降，就产生美丽如花的形体"以及"银白色的乾和金黄色的坤又相结合，产生了扎发髻的哎父和戴金勒的哺女"，凉山彝族对宇宙形成过程的色彩认知进程验证了 Brent Berlin 和 Paul Kay 关于全球性色名的调查结论。

起源于公元前 20 世纪前后的中国五色就已经准确锁定了现代色彩理论所确定的赤、黄、蓝"三原色"，实属中华文化的伟大。五色框架堪称紧密无间和最完美的色彩组合关系。在这里，绿色似乎无从插足。绿色作为黄、蓝之和的间色，置于蓝色之后应该更为合理。"Brent Berlin 和 Paul Kay 色彩七段次"图示展示给我们这样一个结果：黑、白、赤、黄、蓝是最早被人类认知的色彩。黑白、黑赤、赤蓝、黑赤黄、黑白赤黄和黑白赤黄蓝等不同的色彩组合所展现的是人类对色彩的感知由简单到丰富的发展过程，正是这一进化过程，引发了人类色彩象征认知由二维、三维到四维逐次递进的思维模式的进化和进步。

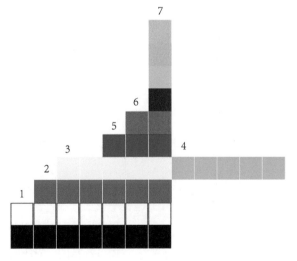

图 113

Brent Berlin 和 Paul Kay 的色彩七段次色彩图示

传统中国与现代西方在取色方法上有着根本不同，一个是文化观念的，一个是科学的。近代人们越来越重视文化对色彩的影响。它反映在对具有高对比，尤其是高纯度对比色彩所产生的极大兴趣，"这种情形在大约本世纪之交时，在艺术上表现得十分明显，究其原因，则可能源于心理学和技术进步在社会上携手并进的缘故。因而，颜色和文化，更变得难解难分了""颜色的感知，是在观察者的大脑之中，而我们所知的各种颜色，却是我们的语言和文化的产物。"[48]

色彩的感知意义往往具有与视觉印象截然相反的感知定论，这无疑丰富和提升了色彩的象征层次。西方对人类视觉机能研究的视觉补偿理论，会在参照物的阴影中寻找补色的残留。这种补偿中包含了色相、冷暖、明度及纯度等综合性对比因素的圈定。18世纪末，西方有了关于视觉色彩"反余像"理论的研究。19世纪，随着色彩学理论的发展，人们发现当赤、黄、蓝三种原色中的任意一种，在长时间刺激眼睛而发生疲倦时，便会要求余下的两种颜色帮助视觉恢复其平衡。于是进入了西方色环中相对补色的对照。根据光的波长所决定的辐射能的对比发现，光谱中蓝紫等短的光波高频能量意味着含有最大的热量，而光谱中的长波低频端则含有最少的热量。这也就意味着色彩的视觉印象往往需要按照"这种比喻性用法正相反的意义来加以阐释"。比如，火的极热点并不在于红色的范围，而在于中心的蓝色区域，这种色彩视觉反余像的转换，只是不曾被我们的肉眼全部捕捉到。中国对黑赤色彩的象征印象同样可以用反余像理论加以论证。中国对于这种反余像现象，是用"阴阳两极"和"物极必反"的哲学思辨方法加以解释的。对于同一种现象的解答，一个建立在科学研究的基础上，一个建立在哲学的基础上，反余像理论与阴

[48][英]特列沃·兰姆（Trevar L）、贾宁·布里奥（Janine B）《剑桥年度主题讲座——色彩》，刘国彬译，北京：华夏出版社,2006年。

阳理论的互换，正可谓是"殊途同归"。

产生于约3000年前的中国阴阳五行观念几乎涵盖了色彩感知的全部内容。我们可以用阴阳感悟色彩的联觉，并将冷（阴）暖（阳）、软（阳）硬（阴）、轻（阳）重（阴）、动（阳）静（阴）等全部归于阴阳的属性。色彩作用于人的味觉、触觉、嗅觉等知觉感官，辨知甜酸苦辣，温热冷暖，喜怒哀乐，包括方位、空间的所指，所有这一切都被包含在五行的内容中，体现了东方文明对色彩心理功能研究的贡献。

从宇宙起源的青红之气开始，色彩便被赋予了阴阳的对比属性。"清气上升，浊气下沉"，阴阳观念决定了色彩中以动静、消长、刚柔、雄雌的形式对峙。赤与黑、赤与蓝、黑与白等无论在视觉感知

还是在象征意义的层面上都是以两两相对、互对互立的配对形式出现。色彩的"阴阳属性"，中国古老文化的魅力在于许多被定义于文化观念的学说与西方科学学说相吻合，在视觉心理和文化象征中间不断谋求着和谐一致。

就如中国五行文化中将青、赤、黄、白、黑与宫、商、角、徵、羽对应的想法相一致，瓦西里·康定斯基（Wassily Kandinsky, 1866—1944）倡导色彩与音乐的结合，他形容作品，包括色彩的创作"就像音乐是由不同的乐器产生出的声音，所创造出的和谐悦耳的旋律一样"。东西方都同样认定色彩存在近似于音乐声波的波动形式，只不过时间上相差有3000多年；我们也可以同样感受到除听觉之外，视觉、触觉等一系列生理功能的紧密联系。

色彩通过人的知觉作用于神经系统，由此产生出某些相同或近似的感觉效果，西方色彩心理学研究将此归列出向前、退后；积极、消极；动感、静感等一系列与冷暖属性相关的反应特征。西方色彩学中的冷暖特指"某一特定色彩向着另一种颜色的方向偏离的事实时，它们包含的那种典型意义就比较明确了。如，蓝黄色或蓝赤色看上去似乎是'冷'的，黄赤色或黄蓝色看上去也是如此。相反，赤黄色或赤蓝色看上去是'暖'的"[49]。阿恩海姆的描述看似有些费解，其中含有配色比例的概念，理解起来会清晰很多。然而，相比视觉心理的色彩反应，具有古老哲学成分的色彩内容就有所不同了。在这里，东西方文化的不相谋和不可避免地出现了。就以蓝、赤两种纯色来说，西方色彩理论中可以确定蓝为冷，赤为暖；但是彝族青红气说的色彩象征，青（蓝）为暖，因为它指天，为阳，阳为暖；赤指地，为阴，阴为冷；从心理感觉去分辨，西方色彩学对于蓝赤的冷暖定义似乎和我们更贴近。但是作为观念"青红气说"在历史的某一时期确实存在，并拥有其自

[49][美]鲁道夫·阿恩海姆:《艺术与视知觉》，
滕守尧、朱疆源译，
北京：中国社会科学出版社，1984年，第463页。

身存在的解说。在"色彩象征组合"一节中笔者将针对天地色彩象征表达从青赤到黑赤的转变做尝试性的阐述。中国传统象征色彩观与世界观、哲学观紧密联系在一起，同时与天文、地理、历法相结合，具有相当的科学基础。以西方为主导的色彩科学更侧重于色彩直观生理真实性的专门研究。中国代表性的五色内容是作为象征观念存在的。西方色彩科学对色彩属性的定义与中国的色彩观的表征可以达成相对的和谐，但却无法取得完全的一致。

无论如何，用相互转换比较的方法把中国的阴阳象征观念主导下的色彩样式运用在视觉的和谐体验上，将是一个大胆的尝试。

三、追求色彩象征存异求同的恒定性

博厄斯在《原始艺术》一书中引用了 Robert Fritz Graebner 和 Pater W. Schmidt 的观点："各种文化现象之间存在某些不变的古老的联系。"[50] 彝族、中原乃至世界存在对尚日、尚火文化普遍认可的一致性。文化的认同，决定了色彩情感的共鸣。而这种认同，可以避开种族、阶级、政治等一系列人为的干预。人类对共同赖以生存的天体自然的认知途径可以胜任这一使命，它给予人类大同与和谐。

通常意义的色彩象征集合了广泛意义的感受和联想，随意翻开任何一本色彩理论书籍都可以轻而易举地列出以下内容：

赤色，象征威武、恐惧、火热、革命、献身、吉利、赤子、庄严、号召、危险、禁止，是一种热烈、冲动、有活力的色彩。

[50][美] 弗朗兹·博厄斯:《原始艺术》，金辉译，上海：上海文艺出版社，1989 年，第 10 页。

黄色，是明度最亮的色彩，常与秋季、丰收、欢乐、珍贵、权威、富有联系在一起。

蓝色，象征纯净、典雅、朴素、善良、庄重、智慧、有理智、深邃、博大、永恒、信仰、保守、冷淡等心理的感情意味。

白色，具有清白、光明、正直、无私、纯洁、贞洁的意义。但也有意味相反的贬义，如空虚、投降等。

黑色，与白色相对，表示沉默、力量、公正、威严、严肃、永恒、黑暗、未知、恐惧、包容等。其消极意味有悲哀，不幸，绝望等。

仔细比较，我们不难发现不同色彩的联想之间存在交杂互换的共享和混乱。或许当这些色彩作为文化的代言，它们的象征才可能被确定下来，这也正是文化的魅力所在。

不同区域、国家、种族的文化始终是在存异中求同。在《色彩的文化》中，爱娃·海勒（Eva Heller）例举了同一色彩在不同地域文化、宗教信仰中不同甚至是截然相反的象征意义。就蓝色而言，"形容一个英国人是'蓝色'的，则意味着这是一个多愁善感的人；而形容一个德国人是'蓝色'的，则表示这个人喝醉了"。"荷兰语'Dat zijn maar blaauwe bloempjes'直译为'这是只蓝色的小花'，意思是完全的谎言"；然而蓝宝石和英国皇室婚礼中蓝色的装饰细节无疑又是忠诚的象征。12世纪的欧洲由于靛蓝染料需要从亚洲进口，蓝色一度成为宫廷贵族的色彩；随着靛蓝的普及，其又成为劳动阶级"蓝衣""蓝领"的代表色。

赤色与血发生的联系应该早于火，是人类对赤色最初始的印记。血与火的象征意义是人类经验所致。经验可以帮助我们联想所能触及关联到的一切。战争、巫术、激情、革命、禁止，等等。赤色的象征分歧似乎不很明显。

黄色的意义的矛盾化则更为突出。凉山彝族将黄色视为美丽、诱人的色彩，是源于太阳的经验。五行文化将黄色对应在阳光相对充足的季夏，五方指中央黄土，又指黄皮肤的华夏族人。黄色一度成为被皇权所占有的色彩。黄色与黄金相近，所以黄色又代表财富。这种归于明朗乐观的象征体验具有普遍性。"在伊斯兰教中，金黄色是智慧的象征。""代表太阳神赫里奥斯、阿波罗、所罗门的颜色均为黄色。"然而，黄色还拥有完全相反的意义。耶稣的第三个弟子犹大是出卖耶稣基督的叛徒告密者，在莱昂纳多·达·芬奇的《最后的晚餐》中，犹大所穿衣服的黄色在基督教文化圈的语言中，表示胆怯和背叛。西方异教徒被处决时被挂上黄色的十字；基督教徒将黄色视为犹太人的色彩；20世纪纳粹迫使犹太人佩戴黄色六角形标志。

黑色是物质生命终结后的色彩。物质细胞腐烂变质。是与死亡相关的色彩。在康定斯基看来，"黑色在心灵深处叩响，像没有任何可能的虚无，像太阳熄灭后死寂的空虚，像没有未来、没有希望的永久的沉默"。在中国哲学观里，不存在"永久的沉默"，黑色是生命循环链中的一个休止符，暂时的停顿预示着生命新的能量的积聚，所以黑色的含义包含了哲学的思辨，成了最具能量的色彩。凉山彝族关于黑色的语义充分证明了这一点。这也是黑色成为凉山彝族，乃至全世界时尚尊崇的原因。五行文化中，黑色代表水；凉山彝族以黑色象征大地之母；在非洲尼日利亚等国，黑色代表肥沃的土地和独立自主的新生国家的自我意识。20 世纪的欧洲，"几乎所有的新娘都穿着席地的黑色长礼服，只有披纱是白色的""黑色的新娘礼服在色彩心理学上也有恰当的意义。结婚在过去被视为一桩类似于经济合并的严肃事务……当炽热的感情产生时，人们用冷酷的理智来加以控制。黑色的新娘礼服则是理智的象征。"[51] 黑色自然成为理性色彩的代表。

物理学中，白色是所有光谱色的总和。白色被称作是一切色彩中最完美的颜色，因为我们几乎找不到相关白色消极意义的存在。在许多西方语言中，"白色与光芒、光线接近。意大利语的白色为'bianco'，法语为'blanc'，两者相当于德语中的'闪闪发光（blank）'。白色的希腊语为'leukos'也就是德语词'闪耀（leuchten）'。关于光、闪耀的联想决定了白色这个颜色的象征意义"。白色是神的色彩，这与凉山彝族相同。"宙斯的化身是白色的公羊，遇见勒达后他化身为天鹅；圣灵表现为白色的鸽子；耶稣基督是白色的羔羊；白色的麒麟为圣母玛利亚的象征兽。"白色象征初始和复活，康定斯基称白色"存在于开始之前，出生之前"。白色是复活节的色彩，复活者身穿白色的衣服，蛋的初始标志也是复活节的标志；佛教中白色的莲花是复活的象征；白色用于丧服源于宗教的转世思想，转世思想不是把死亡当作生命的终止，而是亡灵超度祈求再生。投降者以白旗为示，白色仅有的消极意义也

[51] [德] 爱娃·海勒 (Eva·Heller)：《色彩的文化》，吴彤译，北京：中央编译出版社，2004 年。

意味着和平示好的象征。19 世纪的西方，赤色和黑色一直是贵族结婚礼服的色彩选择。据传第一个穿戴白色礼服婚纱的是 1840 年维多利亚女王与萨克森 — 哥塔的艾伯特亲王完婚。维多利亚女王从此成为万千新娘模仿的对象，美丽的新娘们希望以一件白色的新娘礼服来满足自己成为一位女王的梦想。爱娃·海勒（Eva Heller）在《色彩的文化》中指白色为北方色彩，依据是北方白雪冰冻的寒冷气候。色彩的方向性不是西方文化的擅长，但是白色的这一方向指征却与"凉山彝族四方色"相吻合，事实也并非完全的巧合，其象征指向的出发点都是以对色彩温度的感知为依据的，以此拥有了象征所期待的恒定性。

　　拥有文化内涵的象征超越了色彩对人类生理和心理一般感受的影响，同时也指导和影响着人们对色彩的一般性的心理判断。中国色彩"囿于本土的社会形态，色彩大多用于礼制及民俗，从而使它的'美感'功能未被充分挖掘出来"[52]。事实并非如此，中国画黑图白底的设墨特征是一种极具象征力的抽象概括的表现手段，其行笔的轻重缓急、水涩焦润及其墨分五色等笔墨章法无一不包含了中国人特有的哲学观，与笔墨带来的视觉享受达到完美合一。中国色彩的魅力不容忽视，在人类文化圜道的某一时期，它会将自身文化具有的象征价值回馈给世界。（图 114）

　　西方艺术从自然模仿的古典时期到自然表现思潮的变革，"色彩从完善'形'所采用的手段，一跃成为绘画的主角"[53]。这是人类表现思维的进步，同时也是人类文化演进的"逆归"。东方艺术对原始艺术精神的保持吸引着西方艺术家的眼球。梵高用他的作品告诉人们，"浓烈而饱和的原色并不只为原始人或小孩所独有"。而这种高对比的纯色"已成为 20 世纪西方文化中绘画的标志"，这一特征被称为"现代世界的色彩解放"。用生命追求和捍卫原始

图 114
清·朱耷《墨荷》

[52] 姜澄清：《中国色彩论》，兰州：甘肃人民出版社，2008 年，第 165 页。

[53] 姜澄清：《中国色彩论》，兰州：甘肃人民出版社，2008 年，第 163 页。

艺术精神的保罗·高更（Paul Gauguin, 1848—1903）坚信，以原始精神为特质的象征"是画家间接表现自己内心的一种手段"。正是这种对于象征色彩的表现力的认同，使高更在《雅各和天使在搏斗》中敢于使用大面积的鲜纯的赤色平涂大地，超出了自然色彩的正常体现范围。而这种看似象征意义上的巧遇，出自于画家在表现欲望驱使下所激发出的人类所具有的"观物取象"的共性本能。（图115）

随着20世纪西方抽象艺术的产生，色彩更是被赋予了极端的重任，它意味着色彩重又回归为高度的浓缩、涵盖的符号功能。罗伯特·马瑟韦尔（Robert Motherwell, 1915—1991）创作的百余幅《西班牙共和国的挽歌》系列作品，体现的是1936—1939年西班牙内战给画家带来的强烈的内心震撼。画面强悍的黑色墨块是公牛睾丸的符号化表达，色彩选择的是极端的黑白对比，挽歌系列的后期作品加入了少量的原色。作品用象征的手段涵盖了更宽泛的抽象表现的魅力。（图116）

彼埃·蒙德里安（Piet Mondrian, 1872—1944）的作品所表现出的"纯洁性、必然性和规律性"，不仅在于他的至高无上的直线，更体现在纯粹原色的使用。"对风格派艺术家而言这一些以东方的哲学和流行的通神学教义为基础的简化，都具有它自己的象征意义。"[54] 不能忽略的

图 115
保罗·高更《雅各和天使在搏斗》，
1988 年

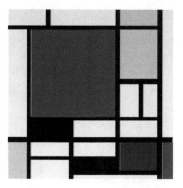

图 117
彼埃·蒙德里安《红黄蓝构图》，
1921 年

图 116
罗伯特·马瑟韦尔《西班牙共和国
的挽歌 NO.70》，1961 年

是，东方神秘主义对西方诸多现代艺术流派和画家所起到的或多或少的影响。（图117）

现代绘画流派在观念上的探索直接影响到在工业革命催生下的包豪斯设计理念的建立，嫁接了艺术和设计的桥梁。设计主题的色彩构成配置中，色彩的象征表现得以充分展现。Lisa Rousseau 认为："西方社会中各种色彩的意义正随着时间的推移而发生着改变。"相信以天象自然为根基的象征意义会使色彩更接近这一目的。寻找人类共

性，使之作为拓展色彩象征和联想空间可能性的更可靠的依据。"在为客户工作或者做自我推广时，一定要在决定沿用一种'熟知的'颜色或是提出新的色彩方案之前了解情况。"[55] 这里的"熟知的"颜色，应该理解为两个含义，一是使用一种与品牌一致的相对"通常"的心理和生理感知的色彩表达；更为重要的是针对客户所处地域的宗教文化引导下的色彩选择。著名的品牌打造集团 BIG 以完全的赤色，展开了为全球大品牌可口可乐公司"重新找回生机与核心吸引力"所做出的"真实性"努力。（图118）

图 118
著名的品牌打造集团 BIG 为可口可乐设计的品牌宣传

[54][美]H·H·阿纳森：《西方现代艺术史》，邹德侬、巴竹师、刘珽译，天津：天津人民美术出版社，1987 年，第 226 页。

[55] [美]H·H·阿纳森：《西方现代艺术史》，邹德侬、巴竹师、刘珽译，天津：天津人民美术出版社，1987 年，第 226 页。

第二节　凉山彝族色彩象征设计实践

图 119-1
索玛花基金会标志修改前

———三　2011年10月，笔者带领中央民族大学装潢设计系2009级的肖娟娟、张曼舒、赵子嘉、张景瑞等几位同学接受了凉山彝族扶助失依儿童的社会公益组织"索玛花基金会"的 LOGO 设计任务。这是一次有意义的公益性设计任务，根据基金会的要求，均以索玛花形为设计元素。

赵子嘉的设计，采用中国少数民族回纹作为设计元素组合成索玛花形，紧凑盛开的花团象征着基金会的凝聚力。（图 119-1，图 119-2）

肖娟娟的设计选取两片杜鹃花也就是索玛花花瓣的外形，将两片花瓣彼此扭动的人物形成一个爱心，寓意团结帮助带来的美好。在色彩选择上初稿选取了赤、绿两色，并说明赤色代表热情，绿色代表生命。此方案最终被索玛花基金会选用（图 120-1，图 120-2）

图 119-2
索玛花基金会标志修改后

图 120-1
索玛花基金会标志修改前

图 120-2
索玛花基金会标志修改后

肖娟娟在上一设计方案的基础上，将索玛花的五个花瓣交错构成一个整体的索玛花，象征无私的、奉献的爱心构成强大的保护系统。五个花蕊代表那些需要帮助的弱势群体，在集体的爱心呵护下健康成长。设计者根据对凉山彝族的色彩习尚表征的理解，准确地选择了黑色和赤色，认为黑和赤两色代表着信赖和诚信，同时构成了强烈的视觉冲击力。（图121-1，图121-2）

张曼舒的设计方案以突出流动舒展的线形美感为重点，表达对基金会健康发展，对文化传承、教育公平、公共卫生和生态家园环境保护等社会公益事业的支持和祝福。设计初稿选用了设计者理解中的有民族特色的橙、紫、绿三色。修改后的标志色彩采用了黑、红、黄三色，更加凸显了凉山彝族色彩文化的象征含义。（图122-1，图122-2）

几位同学在设计思想、图形创意、视觉美感等方面均有上佳的表现，受到了基金会方面的一致赞扬和肯定。色彩的选择虽然均采集于凉山彝族的色彩表征，但从严格意义上讲，并没有抓住凉山彝族文化的核心，暴露出对凉山彝族文化和民族尚色具体象征意义了解的不足。结合对凉山彝族色彩象征的具体分析，专门在色彩上做了调整。调整后的设计准确融入了凉山彝族特殊地域文化的象征定位，更加贴近了凉山彝族的精神和情感，使整体设计更加趋于完美。通过此次设计实践进一步证实了色彩象征在设计中所发挥的重要作用。作为一名设计者，只有真正深入民族文化的深层才能更准确地定义民族的真实情感和色彩文化象征的含义，从而实现更准确地设计定位的表达。

图 121-1
索玛花基金会标志修改前

图 121-2
索玛花基金会标志修改后

图 122-1
索玛花基金会标志修改前

图 122-2
索玛花基金会标志修改后

《雷电史》

麻紫尔地家，
邀请众朋友，
杀了十头牛，
要两张神灵牌，
给四块除魔板。
拉起银弓射，
搭起金箭射，
铜球铁球压其上。
杀铜牛铁牛，
甩牛血四把，
洒四面八方，
成白雾三股；
抓牛血四把，
洒四面八方，
成三阵雨水；
砸牛腿骨四节，
抛四面八方，
飞入天空中，

成为雷锤子。
天空两声震，
头声空中响，
二声空中行，
途经吾则火施山，
叶则火碾山，
古鲁巴杰山，
姐阶纳杰山，
麻补火克山，
低曲巴碾山，
走遍天涯与地角。
仰头看青天，
斜视看太阳，
伸手扳树梢，
树梢嘟嘟断，
张口咬山岩，
山岩隆隆垮，
伸脚踩地面，
大地塌四方。
铜线铁线十二种，
此为雷电史。

———≡　谨为此书附上笔者根据凉山彝族传统史诗创作的插画作品，以此献给自己所钟爱的中国民族色彩象征文化。

特别致谢朱文旭老师、侯远高老师、曲木铁西老师、陈国光老师、木乃热哈老师！感谢阿牛史日、嘎哈史者、吉伍巫且、吉伍依作，还有罗燕、马海木机、阿夏金史、贾雄英、吉琳及所有在此书编著中给予我帮助和美好记忆的老师和彝族朋友们！

本书出版由北京工业大学校人文社科基金项目资助。

参考文献

1. 巴莫阿依等:《彝族风俗志》,北京:中央民族学院出版社,1992 年。

2. 巴莫曲布嫫:《神图与鬼板——凉山彝族祝咒文学与宗教绘画考察》,南宁:广西人民出版社,2004 年。

3. 白庚胜:《色彩与纳西族民俗》,北京:社会科学文献出版社,2001 年。

4. 常秉义:《周易与历法》,北京:中央编译出版社,2009 年

5. 陈久金、卢央、刘尧汉:《彝族天文学史》,云南人民出版社,1985 年。

6. 陈兆复:《中国少数民族美术史》,北京:中央民族大学出版,2001 年。

7. [德] 爱娃·海勒(Eva·Heller)著、吴彤译:《色彩的文化》,中央编译出版社,2004 年。

8. [德] 恩斯特·格罗塞(Ernst·Grosse)著、蔡慕晖译:《艺术的起源》,北京:商务印书馆,1996 年。

9. 丁世良、赵放主编:《中国地方志民俗资料汇编·西南卷》,北京:节目文献出版社,1991 年。

10. [俄] 瓦·康定斯基(Kandinsky, W)著、李正文、魏大海译:《艺术中的精神》,北京:人民大学出版社,2003 年。

11. [法] 茨维坦·托多罗夫著、王国卿译:《象征理论》,北京:商务印书馆,2005 年。

12. [法] 皮埃尔(Pierree.J)著,狄玉明、江振宵译:《象征主义艺术》,北京:人民美术出版社,1988 年。

13. 冯健亲:《色彩》,江苏美术出版社,1994 年。

14.《郭沫若全集·历史编》第一卷，北京：人民出版社，1982年。

15. 姜澄清：《中国色彩论》，兰州：甘肃人民出版社，2008年。

16. 岭光电：《凉山彝族习俗》（征求意见稿），中央民族学院少数民族语言研究所彝族历史文献编译室。

17.《凉山彝族自治州概况》编写组：《凉山彝族自治州概况》，北京：民族出版社，2009年。

18. 刘尧汉：《彝族文化放言》，武汉：湖北教育出版社，2007年。

19. 罗国义、陈英译，马学良审订：《宇宙人文论》，北京：民族出版社，1984年。

20. 马学良：《彝族文化史》，上海：上海人民出版社，1989年。

21.[美]弗朗兹·博厄斯著、金辉译：《原始艺术》，上海文艺出版社，1989年。

22.[美]H·H·阿纳森著，邹德侬、巴竹师、刘珽译：《西方现代艺术史》，天津：天津人民美术出版社，1987年。

23.[美]鲁道夫·阿恩海姆（Arnheim,R）、滕守尧、朱疆源译：《艺术与视知觉》，成都：四川人民出版社，1998年。

24.[美]德比·米尔曼（Debbie Millman）著、胡蓝云译《平面设计法则》，北京：中国青年出版社，2009年。

25.[美]肖恩·亚当斯（Sean Adams）、N·M,T·S、于洋译：《色彩应用》，北京：中国青年出版社，2007年。

26. 彭德：《中华五色》，江苏美术出版社，2008年。

27.[清]江慎修：《河洛精蕴》，北京：学苑出版社，1989年。

28. 曲木铁西：《彝语义诺话研究》，北京：民族出版社，2010年。

29. 王慧德：《鸟文化的滥觞》，载《昭乌达蒙族师专学报（汉文哲学社会科学版）》，1990年第3期。

30. 王天玺：《宇宙源流论——彝族古代哲学》，昆明：云南人民出版社，1999年。

31. 汪亚尘著、王振选编：《汪亚尘论艺》，上海书画出版社，2010年。

32. 王子尧，翻译：《洪水记》，贵州民族出版社，1988年7月。

33. 韦多安：《凉山彝族文化艺术研究》，成都：四川民族出版社，

2004 年。

34. 杨泓：《中国古兵器论丛》（增订本），北京：文物出版社，1980 年。

35. 元阳真人：《黄帝内经》，西南师范大学出版社， 1993 年。

36.[英] 特列沃·兰姆（Trevar L. ）、贾宁·布里奥（Janine B. ），刘国彬译：《剑桥年度主题讲座——色彩》，北京：华夏出版社，2006 年。

37. 易谋远：《彝族古宇宙论和历法研究》，北京：科学出版社，2006 年。

38. 易谋远：《彝族史要》，北京，社会科学文献出版社，1999 年。

39.《彝族史要》编写组：《彝族史要》，昆明：云南人民出版社，1987 年。

40. 云南省民族民间文学红河调查队整理：《阿细的先机》

41. 中国彝族毕摩文化研究中心：《毕摩文化》，2009 年。

42. 竺可桢：《天道与人文》，北京：北京出版社，2005 年。

43. 朱文旭：《＜勒俄特依＞译注》，北京：民族出版社，2017 年。

44. 朱文旭：《彝族火把节》，成都：四川民族出版社，1999 年。